航空安保基础与管理实践研究

王　旭　著

吉林科学技术出版社

图书在版编目（CIP）数据

航空安保基础与管理实践研究 / 王旭著. -- 长春：吉林科学技术出版社，2024. 6. -- ISBN 978-7-5744-1421-1

Ⅰ. F560.69

中国国家版本馆 CIP 数据核字第 2024EL1845 号

航空安保基础与管理实践研究

著　　王　旭
出 版 人　宛　霞
责任编辑　鲁　梦
封面设计　树人教育
制　　版　树人教育
幅面尺寸　185mm × 260mm
开　　本　16
字　　数　220 千字
印　　张　10
印　　数　1~1500 册
版　　次　2024 年 6 月第 1 版
印　　次　2024 年10月第 1 次印刷

出　　版　吉林科学技术出版社
发　　行　吉林科学技术出版社
地　　址　长春市福祉大路5788 号出版大厦A 座
邮　　编　130118
发行部电话/传真　0431-81629529 81629530 81629531
81629532 81629533 81629534
储运部电话　0431-86059116
编辑部电话　0431-81629510
印　　刷　廊坊市印艺阁数字科技有限公司

书　　号　ISBN 978-7-5744-1421-1
定　　价　60.00元

版权所有　翻印必究　举报电话：0431-81629508

前 言

航空安保管理是随着民用航空业不断发展、进步和普及，而产生和发展起来的一个既涉及内容广，专业化程度又高的公共安全管理门类。航空安保是在与非法干扰行为的不断对抗过程中发展起来的，是保证航空安全运行的一个重要方面。为了防止劫机、炸机等非法干扰行为的发生，国际社会及各国政府做了很多努力，逐渐形成一套较完整的航空安保体系．对预防和控制非法干扰行为发挥着重要作用。

在过去相当长的民用航空发展历程中，各国政府和航空运输行业部门，更多地把航空安保看作纯粹隶属于航空运输范围的一项业务工作来管理，因而对它的研究没有纳入足够宽广的视野，围绕它所开展的工作也缺乏科学化、法治化和系统化。航空安保管理要适应形势的发展、行业和社会安全要求，必须进一步提升认识、理念，必须进一步加强管理科学化、法治化和系统化的研究和工作推进。

随着航空业的快速发展，航空安保已经成为确保飞行安全、维护国际秩序和保障人民生命财产安全的关键领域。在这一背景下，航空安保基础与管理实践的深入研究与探索显得尤为重要。

本书旨在为读者提供一套系统、全面的航空安保理论与实践指南，以期在理论与实践之间架起一座坚实的桥梁。

在撰写过程中，笔者力求保证内容的准确性、时效性和实用性，希望本书能够成为航空安保从业者的必备参考书籍，同时为相关研究和教学工作提供有价值的参考，期待与广大读者共同见证航空安保事业的繁荣与进步。

目 录

第一章　航空安保概论

第一节　航空安保的含义

一、航空安保的含义

航空安保（在其他一些文献中，也有“航空保安”的说法，二者所指的含义是相同的，为了统一，本书中一律使用“航空安保”一词）是航空安全保卫的简称，国际上称为“Aviation Security”。在我国航空业界一直使用“空防安全”来指称所有除飞行安全之外的航空安全保卫工作。“空防安全”这一名词已成为我国民航的习惯用语，常见于民航安全保卫的各种文件中。近年来，随着与国际航空安保业界的交流以及我国航空安保工作日益国际化的需要，航空安保这一术语逐渐进入我国的航空业界。

《国际民用航空公约》相关附件中给予航空安保的定义为：“保护民用航空免受非法干扰行为，这一目标由各项措施、人力和物力资源的总和加以实现。”

二、航空安保与常规航空安全的比较

常规航空安全一般认为包括四个领域，即飞行安全、空管安全、机务安全和机场地面安全。航空安保与常规航空安全是保障航空器安全的两大重要课题，二者既有联系又有区别，且区别大于联系。

首先，二者存在很多的共性：

第一，最终目的都是保障民航运输安全运行。航空安保通过防范劫机、炸机等非法干扰行为，来保障民航运输安全运行。而常规航空安全通过消除或控制相关作业因素的影响，防止意外事故的发生，来实现保障民航运输的安全运行的目的。虽然二者关注的内容不同，但最后的落脚点都是保障民航运输安全，可以说航空安保与常规航空安全都属于大安全的范畴。

第二，事故的直接损害是一致的。无论是因航空器被劫持、爆炸等导致的航空安保事故，还是因飞行人员操作失误、机务维修差错、空中交通管制差错等导致的常规航空安全事故，事故发生后，造成的直接损害是一样的，都是人员伤亡、旅客财产损失和航空器的损坏。

第三，系统化的管理理念是一致的。目前全国各大航空公司和机场建立的航空安全管理体系（SMS）和航空安保管理体系，都是通过系统化的管理方式来提高安全水平。

其次，航空安保相较于常规航空安全，还有很多自身显著的特性，主要表现在以下五个方面。

（一）事故后果影响不同

除了人员伤亡和航空器损毁这样的物质性结果，安保原因的不安全事故还具有影响国家安全、政治安全这样更深远的后果，其影响面更大。以我国为例，远期的诸多外逃性劫机事件，特别是 1993 年间的劫机潮，严重损害了政府的政治形象，也在外交上造成很大的被动。近期 2008 年的“3 · 7”南航机上纵火未遂事件，其如果破坏成功，不仅会造成机毁人亡的重大损失，更表明恐怖分裂势力对国家中央政权宣战的成功，助长了其嚣张气焰，会促使更多的针对民航恐怖破坏活动，严重影响边疆的稳定，也损害我国的政治形象。

而 2001 年发生的美国“9 · 11”恐怖袭击事件（以下简称“‘9 · 11’事件”）最能说明这个问题。“9 · 11”事件的发生，不仅使美国损失 4 架民航飞机，死亡了约 3000 人，其发生后给美国航空业的沉重打击，对美国民众的心理和信念的强烈冲击，因加强反恐和航空安保而对美国民众社会生活的影响都是接踵而至的。而更为重要的，“9 · 11”事件发生后，由于美国国家反恐政策的变化而导致的国际政治走向的改变，引起局部战争与冲突，都将深远地影响整个世界的历史进程。毫不夸张地说，“9 · 11”事件是人类历史上的重大事件。

（二）风险产生原因的差异

从根本上说，航空安保与其他飞行、空管、机务等常规航空安全相比，在风险结构上存在本质的、巨大的差异。如果说常规航空安全领域的风险来自其系统运行本身的话，那么航空安保的风险则来自我们称为“外部威胁”的民航运行系统之外的人为故意破坏行为。

如果说常规航空安全是在航空器投入使用和民航运输进程中逐渐为人们意识到的，那么航空安保则是在存在开始就与外界的威胁共存——航空安保因为威胁的存在而存在。

这就如同我们日常驾驶汽车，一方面要避免出现交通事故造成伤亡，另一方面又要防止汽车被盗窃、破坏。交通事故的发生，其原因有驾驶员操作方面的，有公共道路交通管理领域的，有汽车本身的机械质量问题的，机械质量也包括制造生产环节的日常维护环节的。所以我们要经过驾校的学习掌握正确的驾驶技术，要有良好的公安交通管理，要有汽车生产质量认证，要有车辆的年检制度等。但同时，还有另外的不安全因素，就是汽车被盗窃、被抢劫或被破坏，这些显然都是人为的故意违法犯罪行为。这两个方面是不同属性的事物，但都是汽车生活所涉及的，就如同我们的民川航空运输。只是，针对民用航空器或民航运行的人为破坏行为，其破坏力巨大且后果影响深远。

航空安保的风险产生于或来源于威胁，可以说是航空安保一切工作的逻辑起点，决定了航空安保整体的运行模式。

（三）安全属性的不同

这样，就存在了第三个方面的差异，即安全属性的差异。常规航空安全是自然性的生产安全问题，而航空安保则是社会性的公共安全问题。一个是自然系统，另一个是社会系统。因此，航空安保专项工作称为安全保卫，有守卫、警卫的意思，具有明显的对抗性。

在常规航空安全系统中，也存在针对航空器之外因素的防范与控制，如避免雷击对航空器的破坏、飞鸟对航空器的撞击、航空器之间的碰撞、跑道异物对航空器的妨害等。但这些都是航空器运行所需要考虑的系统因素，更为重要的是，这些都是自然因素。当然，人为因素是常规航空安全关注的重点，如飞行员的操作失误、机务人员的差错等，但显然这些不是人为的蓄意或故意破坏行为，仍属于自然性因素。

（四）保证安全的方法不同

保证安全方法的不同即安全措施与运行模式方面存在差异。如果说常规航空安全是通过对安全规律的认知、对民航生产运行规律的把握，通过控制各种影响安全的要素来实现安全的话，那么航空安保则是通过执行能够防范和处置外部威胁的各种安保措施来保证安全的。并且，这些安保措施还要根据威胁的强度和方式的不断变化，做出针对性地调整。

（五）安保的可控性差

对于常规航空安全，随着对安全规律认知的深入，通过更加完善和不断进步的科学管理，对风险的控制越来越严密，人们主观上能够掌控的程度越来越高，安全裕度也越来越大。人类航空的发展历程，也印证了这一点。

而对于航空安保，其安全裕度具有不确定性和不稳定性的特点。对航空安保的风险来源，我们是不可控的，至少对民航而言是这样。消除敌对势力，消除恐怖组织，消除社会上的犯罪，我们是做不到的。我们甚至无法准确地预知恐怖组织、敌对势力或破坏分子在什么时候、以什么方式来发动袭击。我们实质上只能被动地防守，在防范失败的时候进行应急处置以减少损失。俗话说，敌人在暗处，我们在明处。即使随着航空安保管理水平的提升和科技装备的进步，安保能力不断提高，我们也依然面临着很多的不确定性。

第二节　航空安保的职能

航空安保的目的就是“保卫”航空安全，即通过采取各种措施手段，防止针对民用航空的人为故意破坏行为的发生，以及最大限度地降低破坏行为造成的后果。

为了实现这一目的，航空安保的职能主要有防范职能、应急处置职能和司法打击职能三种。

一、防范职能

防范职能是航空安保的首要职能，防范就是通过各种主动和被动的措施手段，防止针对民用航空的人为故意破坏行为的发生。

（一）防范的对象

航空安保防范的对象主要是“可疑人员”和“违禁物品”。

1. 可疑人员

“可疑人员”是指对民航运输存在潜在威胁的人员，如精神病患者、故意藏匿违禁物品的人员、持伪假证件的人员、行为异常人员等。这些人员可能是乘机旅客、机组人员、机场工作人员或者其他人员。

相关案例：

（1）安检站查获一名精神病患者。2014 年 4 月 10 日晚，黄山机场安检人员在旅客待检大厅发现一名男性旅客行为举止异常，焦虑恐慌，立即请示当日值班领导，并及时通知旅检通道。在随后的安检中，安检员对该名旅客重点检查，检修时，该旅客高度紧张、情绪激动、前言不搭后语，在确认安检情况正常后，安检部门通知机场公安部门对其开展背景调查。经查，该名旅客为精神病患者。随后，安检部门协同公安人员将其带离安检现场，并按预案及时增派人员，防止该名精神病患者扰乱检查秩序。

（2）旅客不愿托运将刀具藏匿于鞋底。2011 年 2 月 12 日，南京机场安检人员查获一旅客因不愿托运行李而藏匿在鞋底的刀具。当日上午 10 点 10 分左右，安检人员在通道执勤时，发现一名中年男性旅客陈某的随身行李中有一把刀刃长 2~3 厘米的水果刀和一只打火机，遂向其解释了关于禁止随身携带任何刀具和引火物品乘机的相关规定，建议其放弃打火机并将刀具放在行李中托运。这位旅客离开安检现场后，并没有将自己的行李托运，约 3 分钟之后，该旅客便再一次通过安检。安检员发现这位旅客右脚着地时姿态很不自然，脚尖始终微微抬离地面，走路一瘸一拐，随即要求其进行脱鞋检查，经检查发现这位旅客将打火机及水果刀都藏在鞋内。最后，该旅客因隐匿夹带违禁品被移交机场公安机关处理。

2. 违禁物品

“违禁物品”是指可以用于危害航空安全的物品，即袭击者可能借以实施攻击、破坏航空运输的物品。

依据《中华人民共和国民用航空安全保卫条例》的有关规定，乘坐民用航空器的，禁止随身携带或者交运下列物品（国务院另有规定的除外）：枪支、弹药、军械、警械，管制刀具，易燃、易爆、有毒、腐蚀性、放射性物品，国家规定的其他禁运物品。除上述物品外，其他可以用于危害航空安全的物品，旅客不得随身携带，但是可以作为行李交运或者按照国务院民用航空主管部门有关规定由机组人员带到目的地后交还对含有易燃物质的生活用品实行限量携带，限量携带的物品及数量，由国务院民用航空主管部门规定。

“违禁物品”不同于“危险品”的概念。“危险品”在民航运输中有专门的规定。不按相关运输规定运输的危险品属于违禁物品，但是违禁物品不一定就是危险品。有些违禁物品只是在航空运输这一特定环境下才具有危险性，在其他环境下就不属于危险品，例如，可能干扰飞机上各种仪表正常工作的强磁化物、有强烈刺激性气味的物品。在英文中，危险品表示为“hazardous material”，而违禁物品表示为“forbidden articles”。

相关案例：

（1）安检站查出旅客随身携带枪支弹药。2007 年 6 月 21 日，西安咸阳国际机场安检三大队查出 MU2349 航班旅客王某随身携带自制手枪 1 把，子弹 6 发。21 日傍晚 7 时许，旅客王某通过安全门时，红色报警指示灯全亮，且该旅客身着不合时宜的羊毛衫。检查组工作人员随即对其进行了严格细致的检查，从其皮带扣处发现一把由红布包着的自制手枪。经检查，发现该枪内装有子弹，已上膛，随时可以击发，非常危险。X 光机操作员也在此时报告该旅客的一件行李中装有 6 枚子弹。

安检三大队迅速启动应急处置预案，在控制住王某的同时关闭了安检 3 号通道，并立即疏散了通道中其他旅客，然后询问王某有无同行人员，王某承认前面进来的一女旅客与其同行。随后，安检人员时两旅客的人身及其行李进行了严格的检查，在二人行李中发现小口径子弹 6 枚、春药 4 包和身份证 3 张，其中一张为王某的第一代身份证（其乘机使用的是第二代身份证），另两张为其他女性身份证。经再三检查确定无其他危险物品后，安检三大队于 19 时 45 分将两名旅客和其行李物品移交机场公安处理。

（2）2010 年 8 月 14 日，南京禄口国际机场安全检查部查获手夹包式电击器。当晚，X 光机操机员在检查一名乘坐 MU5768 航班前往昆明的男性旅客箱包时，发现其行李箱内携带的手提夹包存在疑点，随即要求该旅客将行李箱内的夹包取出，重新通过 X 光机进行检查。在复检的过程中，操机员确认该手夹包内存在电击装置，要求开包员对手夹包进行手工检查。经开包员手工检查发现，该手夹包侧袋底部有一电击装置被金属铆钉固定于包内，与包形成一个整体。经检查，该手夹包为一遥控式电击手提夹包，包身有遥控信号接收装置，当触发遥控装置后可引发电击效应。根据《中华人民共和国民用航空安全保卫条例》的有关规定，电击器属于国家明令禁止旅客随身携带或托运的物品。

（二）防范措施

防范措施，即预防性的安保措施。《国际民用航空公约》附件17、我国的国家民用航空安全保卫规划、各项安保法律、法规文件、民航企业的安保方案等文件中都列有大量的预防性安保措施。

目前，我国民航已经形成了链条式和层层防护的二维预防性的安保措施体系。在我国机场区域，主要采取了封闭管理、安全检查、通行管制、治安防控四大类预防性措施。

1. 封闭管理

封闭管理是最基本的预防性安保措施，其采用物理隔离的方式将民航运行的重要区域封闭起来，建立机场控制区，以防止危险人员和危险物品的侵入。机场围界的功能即是如此。

2. 安全检查

安全检查是最重要的预防性安保措施。机场的安全检查通常采用仪器检查和手工检查相结合的检查方式，通过对旅客的证件、人身、行李和随身物品实施检查，防止危险人员和违禁物品进入机场控制区特别是航空器。

3. 通行管制

通行管制是防止未经授权的人进入控制区特别是航空器，通行管制的对象包括进入控制区的旅客、工作人员和车辆。

4. 治安防控

民用机场的治安防控，是从治安的角度对机场公共区域实施安全维护。机场治安防控是从2008年奥运安保开始系统实施的，此前围绕民用机场的各项治安管理活动都在开展，但并没有将其整合并作为明确的概念提出来。

二、应急处置职能

应急处置是在破坏行为正在发生或发生之后的处理措施，其目的是将破坏行为可能造成的损失降到最低。

在航空安保工作中虽然防范职能是重点，但即使我们将全部精力和安全资源都投入预防方面，也不可能绝对阻止不安全事件或事故的发生，而一旦预防措施系统失效之后，控制和降低事后损害将成为航空安保工作的首要任务。

航空安保的应急处置在性质和内容方面，与常规航空安全应急处置还是存在一定的差别，一是航空安保的应急处置会涉及国家安全、政治影响等因素，二是航空安保的应急处置很多时候是与袭击者、破坏者的对抗。

相较于防范职能，在航空安保的应急处置活动中，民航政府主管部门甚至国家层面主导实施的成分很大。除了一些低级别的非法干扰事件，很多事件的处置都会由政府指挥航空公司、民用机场的安保应急力量、消防救护力量以及公安、武警、特警等国家武装力量统一行动。

三、司法打击职能

所谓司法打击职能，就是航空安保机构行使国家法律赋予的刑事司法、治安行政权力，对实施破坏或意图实施破坏行为的违法犯罪人员进行处罚。对危害民航公共安全、正常运输秩序的违法犯罪人员予以惩治，是航空安保控制和消除违法犯罪活动的必要手段。

航空安保司法打击权力包括刑事司法和治安行政处罚两个方面。这种权力，具体来讲就是警察权力，是由各级各类民航公安机关来行使的。

航空安保的刑事司法一般是由民航公安机关的实体（如机场公安机关）执行，其侦查活动所针对的犯罪行为主要包括三大类：一是劫持航空器、破坏航空器、破坏机场公共安全、散布民航恐怖威胁信息等危害民航公共安全的行为；二是空中盗窃旅客财物、地面盗窃旅客托运行李、利用民航贩毒等民航多发刑事案件；三是社会性的常规刑事案件。

治安行政处罚是对未达到犯罪程度的违法行为的惩治。民航治安行政处罚权力，一般是由机场公安机关这类公安实体执行，其针对的治安违法行为非常广泛，从散布虚假恐怖威胁信息、砸机霸机这类严重扰乱社会公共秩序的行为，到旅客使用假冒证件乘机、藏匿违禁物品乘机以及在航空器内的各类扰乱性行为，都属于民航公安机关治安处罚的范围。机场公安机关作为航空安保系统中的核心力量，在司法打击职能中发挥着不可替代的作用。

为发挥航空安保的整体效能，预防、应急处置和司法打击三个基本职能都要抓，并且三手都要硬。

第三节　全球航空安保的发展

一、航空安保的发展历史

考察商业航空发展的历史，我们可以这样描述全球航空安保工作过去演进历程、取得的进展以及这些进展演变的历史：

（一）确定航空违法犯罪活动的国际司法管辖权

这一阶段始于20世纪初，鼎盛于20世纪60年代和70年代初。在飞机投入商业运输活动后，人类航空活动所呈现的空间三维性、运行快捷性和行为国际性，对既有规范人类活动的法律体系提出了重大挑战，航空器内犯罪行为及其他危害空防安全行为的管辖缺失问题显得尤为突出。对于跨国使用的民用航空器内发生的各类行为，世界各国援引国内法予以管辖。而在当时，国内法的管辖是以本国的领土为限的，原则上不能适用于超出本国领土的行为，再加上国际司法合作机制尚没有今天发达。因此，各国不仅对民用航空器内的治安违法行为的治安管辖权归属界定不清，而且对航空器内的犯罪行为的刑事管辖权归属也争论不休。1963年签订的《关于在航空器内的犯罪和犯有某些其他行为的公约》（以下简称《东京公约》），才使机上犯罪行为及其他治安违法行为的司法管辖权纷争基本得以解决。1970年的《关于制止非法劫持航空器公约》（以下简称《海牙公约》）和1971年的《关于制止危害民用航空安全的非法行为的公约》（以下简称《蒙特利尔公约》）先后制定，确立了侵害航空运输安全诸多犯罪行为的刑事管辖权等司法框架，使得危害航空安全罪行不因政治、宗教或种族原因而逃避法律制裁。

（二）采取预防与处置劫机、炸机、武装袭击民用航空器和袭击民用航空机场国际行动

这一阶段始于20世纪60年代初，鼎盛于20世纪70年代。在特定的国际局势和国际外交政策导向下，尽管“二战”后的十余年全球出现了数例以流亡者为主体的劫持航空器事件，但由于受政治犯不处罚的国际法范式的约束，世界各国对劫机行为还处于容忍状态。直到20世纪60年代全球范围出现高涨的劫机浪潮，国际社会才对劫持民用航空器行为失去耐心并开始采取行动。1970年通过的《海牙公约》使劫持航空器被国际社会普遍认同为一项应受惩罚的国际犯罪。在20世纪60年代末，稍晚于劫机潮出现的、国际范围内的攻击和毁坏民用航空器行为也愈演愈烈。1968年12月，发生在利比亚境内的袭击以色列民用航空器事件和发生在黎巴嫩境内的袭击黎巴嫩民用航空器事件，1969年2月18日在国际民航组织法律委员会着手制定关于非法劫持民用航空器的公约之际发生在慕尼黑机场的阿拉伯游击队袭击以色列民航班机事件，以及破坏航空器直至

完全毁灭飞行中的航空器和杀死机上全体成员等恶性案件，直接催生了1971年的《蒙特利尔公约》，攻击、毁坏民用航空器成为又一项公认的国际犯罪。20世纪70年代初，又出现了袭击民用航空机场及其他航行设施行为。1973年8月，希腊雅典国际机场遭到2名恐怖分子袭击，酿成无辜旅客5死55伤的惨剧。1985年12月27日，“阿布·达尼尔”游击队分别袭击了维也纳国际机场和罗马达芬奇国际机场，造成以色列旅客和美国航空公司的工作人员等18人死亡、100多人受伤的重大惨案。因此，1988年国际社会又制定了《制止在用于国际民用航空的机场发生非法暴力行为以补充1971年9月23日订于蒙特利尔的制止危害民用航空安全的非法行为的公约的议定书》（简称《蒙特利尔公约补充议定书》），为航空安保增加了惩治与预防危害国际机场人员、设施和机场运营安全的任务。不过，在上述国际法律文件中，劫持民用航空器，攻击、破坏或毁灭民用航空器，攻击、毁灭民用航空机场及航行设施等行为均被当作普通刑事犯罪，还没有上升到反对恐怖主义的高度。

（三）制订遏制机上暴力攻击行为国际行动计划

这一阶段始于20世纪60年代，鼎盛于20世纪90年代。在20世纪40年代末，诸如酗酒、旅客间言语攻击、旅客斗殴、辱骂机组、肢体攻击机组人员等机上暴力行为在英、美等国家的民用航空器上已经初露端倪，对航空运输秩序乃至飞行安全构成了极大的危害。《东京公约》所禁止的“某些其他行为”，就是对航空器内普通攻击行为的一个回应。自20世纪70年代后期以来，随着航空运输的大众化和国际化，机上暴力攻击等行为愈演愈烈，继而发展出舱内违规吸烟、性骚扰、违规使用移动电子设备、偷窃财物以及违规毁坏舱内设备等多种频发的危害空防安全行为，鉴于机上普通攻击行为的实际危害，国际民航组织制定了具有指导意义的《反机上暴力示范法》，建议成员国国内法将机上普通攻击行为规定为刑事犯罪予以惩戒。

（四）开展航空领域反恐国际合作

这一阶段始于20世纪70年代，鼎盛于20世纪90年代。国际社会在20世纪70年代就已认识到恐怖主义对航空运输的危害，并由此制定了《海牙公约》《蒙特利尔公约》进行国际合作和国际约束，只不过当时并没有将这类行为冠以“恐怖主义”一词。20世纪80年代中晚期炸机毁机事件发生过多起，其中最具破坏性的代表事件是1989年UTA722飞机在尼日尔的爆炸事件，1985年印度航空182号班机在爱尔兰海洋上的爆炸事件（329人遇难），1987年韩国大韩航空858号安达曼海事件（115人遇难），1988年泛美航空洛克比空难（259人遇难）等，使国际社会将航空安保的中心任务逐渐转移到防止恐怖主义威胁上来。1991年，《关于在可塑炸药中添加识别剂以便侦测的公约》出台，国际社会首次对以摧毁航空器、其他运输工具以及其他公共目标为目的的恐怖行为表达了严重关切。1997年联合国制定的《制止恐怖主义爆炸事件的国际公约》，是人类历史上第一个专门用于打击恐怖主义爆炸活动的国际法律文件，而2001年的“9·11”

事件，更是开创了劫持民用航空器并以之为武器撞击地面重要经济、军事目标的先例，“一个严重的恐怖主义新世界”从此进入人类生活。2001 年 9 月 29 日，联合国通过 1373 号决议，要求各国采取各种措施消除恐怖活动，切断对恐怖活动的支持。

二、“9·11”事件对航空安保的影响

“9·11”事件的发生，对既有航空安保体系产生了重大变革。首先，暴露出了既有航空安保体系存在的重要缺陷，迫使我们对航空安保进行重新定位，进而采取新的措施对抗恐怖威胁。

（一）“9·11”事件暴露出的既行航空安保体系的缺陷

面对非法干扰行为，国际民用航空组织一方面积极创建遏制航空违法犯罪行为的国际法律体系，另一方面积极制定航空安保技术标准，但是“9·11”事件以及其后发生在英国的系列袭击机场事件充分证明，民用航空运输体系仍然是犯罪特别是恐怖犯罪偏爱的袭击目标。作为自我防御能力较差的庞大体系，它常常暴露在复杂多样和策划精密的犯罪手法下，而既有的航空安保管理体系往往很难单独应对越来越新的和越来越不计成本的犯罪手法和犯罪目的。就目前的航空安保体系来看，至少存在以下严重甚至是致命的缺陷。

1. 航空安保体系仍然被孤立于国家安全保卫体系之外

作为国家安全保卫体系，涉及众多的情报机构、安全机构和处置机构，但由于政府部门设计的层级化，这些机构往往彼此隔绝或者只有松散的联系机制，难以实现充分及时的信息共享和反馈，没有信息综合研判，当然也无法得到彼此的资源支持。因此，在事故发生前，许多与事故有关的预警信息往往被封闭在不同的官僚系统中。孤立地看，每一条单独的信息都缺乏相应的证据予以支撑，同时，这些信息也缺乏明确的行动指向。因此，预警信息都被情报和安全官员们所忽视。“9·11”事件调查报告却证明，如果把来自航空训练学校、地方警察局、出入境管理部门、军方以及国家情报机构之间的信息综合起来，人们甚至可以描述出完整的行动计划和过程。

2. 航空运输体系内部各机构之间缺乏统一行动机制

航空运输系统是一个极其复杂的结构，它包括机场运营商、机场管理当局、机场租户、空管系统、航空公司等。要应对突发事件，所有这些因素必须能够迅速地协同，并在实现信息自由流转和分享的基础上形成统一处置事件的能力。既往的事故调查报告显示，空管系统、航空公司以及机场等运输体系成员并未能及时地交换与被劫航班有关的异常信息，如登机前的安全检查信息、航空器失踪信息等。这些疏漏最终使得阻止事件爆发或及时明确事件基本信息的最后一道防线被轻而易举地突破，并造成处置不力，从而使得事故后果无法因为航空部门及时的行动而得到减少甚至消除，

3. 忽视航空安保所产生的经济效益

宽泛地说，几乎所有的航空公司都不愿意增加这方面的投入，因为很难判断这些投入可能产生的收益，这一点与飞行安全不同，后者对航空公司来说目前仍然是第一位的。虽然几乎所有的航空运输企业管理者都知道，由于航空技术的进步，飞行安全在今天已经获得了极大的改善，飞行安全事故的发生概率正在逐渐变小。航空安保却恰恰相反，由于航空运输的日常化，这个庞大的体系运载的数量越来越多，旅客的来源越来越复杂，枢纽机场变得更加繁忙，航空运输系统更加精密和复杂，而袭击工具和知识变得更容易获得，安全防护的技术和体系却没有明显的改进，因此发生更多袭击事故的风险正在增加；同时，这类事故所可能造成的破坏也在增加，这种增加的规模与航空器的大型化、令人窒息的航班密度、大规模的旅客聚集等因素密切相关。以美国为例，根据 GAO 的报告，在事件前，美国政府曾数次试图通过政府法案的形式要求航空公司增加航空安保方面的开支，但航空公司宁可花经费去游说国会议员拒绝批准这些安全法案，也不愿意增加安全支出。根据 GAO2007 年 6 月的报告，这一情形即便在“9 · 11”事件后仍然没有得到明显的改善，航空公司总是习惯以经费有限为理由拒绝更多的安全保卫投入；同时，也有航空公司主管表示，这部分投入应该由政府采取补贴或专项经费的形式予以补偿。

4. 安全保卫预警机制缺失

尽管全球航空界的航空安保专家们都知道“事故重在预防”的道理，但由于航空业界力量过于单薄的原因，如航空业界很难及时得到相关的情报——特别是那些看起来不直接相关的威胁信息，如航空业界只有很少甚至没有专业的航空安保队伍，当然这与前面所述的航空安全投入很难获得可视的、可观的收益有关。因此，航空业界对航空安保领域事故的态度，其实更偏向于事故发生后进行应急处置。在现有的约束条件下，这种选择是合理的。应急救援所需要的设备、物资以及人员往往是企业本身就有或者可以很便利地借助地方援助机构，因此无须额外增加大笔投入。事故后救援可以很有效地减少企业的经济损失，收益完全可以测算，也极为可观。这一点也完全不同于事故前的预防。所以，我们可以观察到，几乎所有的航空企业都有事故应急处置的机构、人员以及投入，却没有事前预警的机构、人员和投入。

（二）航空安保功能的新定位

鉴于既有航空安保存在的天然或人为的缺陷，我们认为有必要重新审视既有事件，并仔细地思考航空安保的本质需求，进而确立以下基本理念。

1. 航空安保是航空运输界的战略目标而非职能

事件后必须把航空安保提高到战略地位去对待，而不应像过去那样，将其简单视作航空运输体系内某一单独部门的单独职责和任务。这一调整也是“安全是民航一切工作的核心”在航空安保领域的自然延伸。因此，航空安保本身不仅仅是航空运输企业的战略目标，应强化航空运输体系各环节中航空安保的战略地位，将这些环节的工作流程、工作标准以及工作内容与航空安保的战略要求联系起来。客货运销售、机场设计与保护、工作车辆与人员管理、客货运流程、重大危险源保护等都应该体现航空安保的要求。从更广的视角来看，航空运输企业、空管、机场以及政府主管部门都应将航空安保涉及各部门各系统的统一工作平台，如此才有可能实现在这一核心目标的统领下，各类制度、组织、资源以及行动的标准化和协同化，从而真正实现空防安全。

2. 航空安保是一种全面、系统的安全工作

理想状态下的航空安保是综合应用现代管理科学、行为科学、航空科学以及众多自然科学学科的知识和技术手段去研究、分析、评价、控制和消除针对航空运输体系的各种威胁和危险，有效防止安全事故，避免和减少损失，用以保障航空运输系统以及相关权益的安全。因此，航空安保本身很难依赖单一手段完成其工作目标。此外，要完成航空安保的工作任务和实现其要求，必须有多个部门参与，协同管理，而不能简单将其视作某个部门的独特职能。无论是航空安保的预警管理，还是航空安保事故的处置，都需要动用多个部门的支持资源，并要求这些资源应该有序协调，统一配合。因此，未来的航空安保体系必须确立分级管理、分线负责的系统化思维，不能将安全保卫职责简单交由某个单独的组织或部门来担当。

3. 预测和预防事故是未来航空安保工作的中心和重点

可以理解，这是减少甚至消除事故损失的最佳方法。更重要的是，从过去的事故报告来看，航空安保事故，特别是劫机炸机事故，被成功处置的概率很低。因此，我们可以这样理解，全球航空安保行动计划的第一项内容是航空安保审计，就在于安保审计可以帮助我们在限定条件下识别航空运输系统内部的风险。预防事故的根本就在于认识危险，进行危险性预测。运用科学知识和工程技术手段，预先对航空运输系统和生产过程中实际存在的危险、可能发生的事故、其严重程度进行分析和推断，并进一步做出估计和评价，以便于查明系统的薄弱环节和危险所在，同时可对各种安全保卫方案能否满足航空运输系统安全要求进行评价，作为制定整改措施的依据，从而控制和消除这些危险，防止事故，避免损失。

4. 注重航空安保同航空运输生产稳定性的关系

可靠性是指航空运输系统在规定的条件和时间内完成既定运输目标的能力，也就是无故障能力。而安全性则是指没有人员伤亡和设备器材等资财的损失。提高航空运输系统的可靠性与保障航空运输系统生产运营的稳定发展及保障安全是紧密联系在一起的，所以把可靠性、安全性和生产稳定性三者结合起来，是一个新的重要原则。我们强调这点，主要是因为现在以及未来的航空运输体系将日益庞大和复杂。当出现航空安保事故的时候，将可能造成难以想象的灾难。因此，充分考虑航空安保和航空运输体系运行稳定性的结合，特别要考虑航空安保工作对保护航空运输体系稳定运营的作用和意义。

5. 建立系统化、科层化的航空安保管理体系

航空安保作为航空运输企业的基本战略，不仅是航空运输企业得以存在和发展的前提和基础，更是航空运输企业自身需要实现的一个安全目标。而且，航空安全本身就属于国家安全、公共安全以及社会安全的天然组成部分。因此，航空运输安全保卫体系应从全局管理的高度进行构建，要综合考量组织、人员、设备、物资、信息、决策等问题，也要考虑航空运输活动的环境所可能产生的危险和威胁，在此基础上进行系统的分析、评价和决策。同时，在整个航空运输系统内（包括主管部门、运营单位以及附着权益单位）建立起科层化的分级管理、风险控制的管理架构，以实现系统功能。

6. 开展系统性航空安保研究

在现代安全理念的语境下研究航空安保问题，旨在突出航空安保作为民用航空运输的安全保卫系统，它应该满足现在以及未来航空运营环境、航空安全科学的基本要求和普遍原理；同时，它亦可以从其他现代安全管理科学的各分支学科和研究领域中获得借鉴和参考，所以，航空安全保卫这一研究领域是行业性、跨学科的研究。在研究方法上，它更涵盖了管理科学、安全科学、行为科学、经济科学等学科。

将航空安保问题置于现代航空安全理念的语境下讨论，源于航空安保的天然使命就是航空运输活动的安全保障和护卫；同时，航空安保作为一个囊括“人—物—环境—人”的庞大系统，更需要借助管理学的视角进行系统化的研究和探讨。因此，未来的航空安保主要是航空运输生产运营各环节安全防护和防护管理的研究，即主要以防控航空安保事故为研究对象，在事故致害因素分析、安全控制目标设定、控制主体设计及遴选、控制流程规范等方面进行研究。现代安全生产管理的组织设计与建构、组织预防以及危机管理等理论，对于改进航空安保中的组织控制与应对等理论研究的完善也大有裨益；生产安全管理中的事故现场控制技术及方法、应急救援等对于航空运输中的违法犯罪行为研究和现场应急救援研究也将发挥积极作用。

（三）全球航空安保新举措

“9·11”事件后，为应对航空运输大众化和国际化带来的日益复杂的安全保卫任务，以及形式越来越复杂多样和手段越来越新异的针对民用航空运输体系的攻击，特别是为惩治与预防恐怖性质的劫机炸机以及使用航空器攻击地面目标等严重犯罪行为，国际民航组织和各国政府在航空安保的组织制度、资源配置和安全设备等方面都相继采取了一系列措施，总体来看主要体现在以下几个方面。

1. 建立专职航空安保机构

国际民航组织要求各成员国设定国家航空安保机构并赋予其充分的权力，负责制定和执行该国的航空安保政策，制订、实施与维护该国航空安保计划，以及确定和协调国内各部门、机构和其他单位之间、机场和航空器经营人与其他航空安保实体之间的活动，

为保障民用航空及其设施的安全，我国在中国民用航空局以及地区民航管理局设置了专门的公安部门，统一领导全国民航的航空安保工作，国家和省、自治区、直辖市设立了紧急处置劫机事件领导小组和航空安全办公室，以应付突发性紧急航空安保事件。

2. 实施日益严格的安检措施

各国根据安全保卫形势的变化，不断出台新的安全检查法律法规，发布新的旅客出行指引，使用更先进的安全检查设备（如爆炸品探测、指纹识别、身体深度检测等）以及更科学的出入境旅客信息管理手段，通过这些办法来强化对乘坐民用航空器的旅客和其他人员及其携带的行李物品、进入候机隔离区的工作人员（包括机组人员）及其携带的物品、空运货物和邮件进行的安全检查，并在机场区域强化安装并及时更新安全检查和监控设备（如红外探测设备、智能化监控设备等），同时在特殊时段，加强对旅客及其行李进行手工开包检查，严禁易燃、易爆、易腐蚀等危险物品及可能威胁人身安全的枪支、刀具、棍棒进入航空器。

3. 强化机场控制区域安全管理

绝大多数商业机场都安装了安全防护和监控设施，用于保护控制区和候机隔离区，对进入控制区和候机隔离区的人员和车辆都要进行高科技化的证照管理（如采用 RFID 技术、激光全息照相技术等），严密监视机场内接近使用中的飞机和其他危险源的人员；许多机场甚至配备了完全的智能化的安全监控中心，通过庞大的信息数据（登记、离港、车辆、证件以及影像等）管理，及时发现监控区域内异常行为，同时公共安全部门在机场或机场附近配备有快速反应部队用于应对这些异常活动。

4. 增加或新设国家空中警察队伍

考虑到机场不可能完全杜绝危险人物和危险物品进入机舱，为强化空中控制劫机炸机、舱内攻击等非法干扰事件的能力，相关的国家纷纷增加或组建空中警察队伍，并派遣空中警察上机执行空中安全保卫任务。我国也在原有航空安全员的基础上，于 2003 年成立了空中警察队伍，并派驻在各航空公司，跟随航班执勤。

5. 制定基于国家安全需要的航空安保规划

以美国成立国土安全部、运输安全局等机构为标志，航空发达国家如英国、德国以及我国都开始将防范针对民航运输体系的恐怖袭击纳入国家安全层面予以评估和考量，以国家资源为基础进行防范和控制，并为此成立和调整了国家航空安保的组织结构和应对机制。比如，我国就专门成立了国家反劫机事件领导机构，以便于其协调国家层面资源，统一行动，处置和打击劫机炸机等严重危及国家安全和公共安全的事件。

6. 推进普遍性全球航空安保审计计划

为了强化各国的航空安保工作，并促进各国尽可能地结合本国法律法规和实际情况，执行国家统一的安全保卫标准，开展国际航空安保的合作和交流，国际民航组织开始严格审核各成员国目前在运行的航空安保体系，细致检查航空安保流程、组织机构、人员、安全保卫的法律法规和标准等。在ICAO启动了全球航空安保审计计划后，各成员国也相应开始组织对本国重要枢纽机场进行安全保卫审计，以期发现航空安保体系重点部位中的缺失和不足，然后改进航空安保工作，加强事故预防工作。

三、未来航空安保的发展趋势

航空安保必须根据航空运营环境以及宏观环境的变化而不断地调整。因此，研判未来航空安保形式的发展趋势有利于及时地变革航空安保体系组成以及运行方式，从而提前为未来的可能变化做好准备。

（一）未来航空安保形势

在21世纪的前十年，航空安保在取得重大成绩的同时，也面临着严峻的挑战。民用航空安保在全球范围内受到了前所未有的威胁，并对各国的安全和经济产生了重大影响。

1. 恐怖威胁持续且呈现新型危害态势

恐怖活动是指基于政治、经济、宗教或民族（种族）利益冲突原因，针对众多无辜平民的人身和财产或重要政治、经济目标的犯罪行为。由于航空运输安全保卫系统脆弱，特别是航空运输本身经济价值巨大、科技含量高和社会影响大，民用航空便成为恐怖主义势力偏爱的袭击对象。在20世纪70年代，通过制造恐怖手段直接针对民用航空的违法犯罪活动逐渐显现，并在此之后一直呈持续发展趋势。在20世纪，此类恐怖活动侵害的对象直接针对民用航空，没有兼顾侵害地面重要目标；在21世纪，由于以美国为首的西方势力先后对阿富汗、伊拉克采取大规模军事打击行动，虽然使“基地”组织等国际恐怖组织遭受重创，但由于美国等西方势力在反恐中时常采用双重标准，打着反恐的旗号谋取自身利益，在一定程度上激化了国家、民族、宗教之间的矛盾，因此国际恐怖主义活动不但没有减少，反而有进一步恶化蔓延的趋势。在此背景下，传统恐怖威胁也呈延续的趋势，而且殃及我国——我国境内民用航空活动遭受恐怖袭击的风险也增大了。“9·11”事件以来发生了以下重要航空安保事件：2002年12月在肯尼亚发生以肩扛式导弹袭击以色列民用航空器的事件；2004年8月24日在俄罗斯境内发生同日炸毁两架民用航空器的事件；2006年8月10日恐怖分子在英国图谋炸毁6架从英国飞往美国的航班，如果没有被挫败，其后果将堪比“9·11”事件。由于我国积极参与国际反恐合作事务，国际恐怖组织有可能在我国境内实施以西方国家在华机构、人员甚至直接以我们为目标的恐怖活动。与此同时，以自杀式劫机攻击地面重要目标危害国家安全乃至世界和平的危险日益显现，2001年9月11日发生在美国纽约的撞毁世贸大楼的“9·11”事件，代表了新型恐怖威胁的发展趋势。第一，民用航空器被当作犯罪工具；第二，受侵害的目标既有参与民用航空活动的人、财、物，还有其他地面重要政治、经济乃至军事目标；第三，危害后果特别严重，持续时间长。“9·11”事件造成近3000人伤亡和几千亿美元的损失，国家安全和世界和平受到极大损害。

2. 传统的劫机炸机威胁短期内难以根治

在20世纪，恐怖性劫机炸机事件虽时有发生，但占主导地位的仍是传统式劫机炸机事件，即为达到谋财、规避法律惩治或规避政治迫害等目的而实施劫机，犯罪嫌疑人虽以机毁人亡相威胁但不直接追求机毁人亡的结果，只在劫机目的落空时才转为炸机毁机。由于各国社会深层次的社会矛盾难以解决，近年来全球范围内传统式劫机炸机事件仍然屡禁不止。2002年国外发生2起成功劫持航空器事件，对机场袭击或预谋的袭击增至26起，其中有3起发生在候机楼内；2003年发生3起成功劫持航空器事件，对机场袭击或预谋袭击降至10起，其中有6起是在候机楼内发生的；2004年发生1起成功劫持航空器事件，对机场的袭击或预谋袭击事件4起，其中有1起是在候机楼内发生的；2005年发生2起非法劫机事件，2起是对设施的袭击。在我国，由于社会各阶层利益保护暂时失衡演化的个别人不惜铤而走险的泄愤心理，再加上在一些地方存在的爆炸物品管理漏洞，我国在21世纪面临的传统性劫机炸机威胁较大。

3. 严重扰乱航空运输秩序行为呈恶化趋势

由于航空运输服务的不足以及航空旅客的不良嗜好，在航空运输期间发生的旅客攻击机场工作人员和机组人员的事件日益频繁。在我国，一些旅客为发泄对民航服务的不满而散布虚假恐怖信息甚至霸机占机、冲击机场隔离区，个别“特殊身份”旅客拒绝安检，甚至辱骂殴打安检人员，扰乱安检现场秩序。安检随机场移交地方管理后，此类问题更加突出，隐匿携带违禁品的现象屡禁不止，在飞行中使用手机、吸烟的现象也时有发生。此外，由于近年来我国民航运输发展的速度偏快，大量的新航线和新航班投入运营，导致部分机场运行负荷已达到或超过设计容量，引起服务质量下降，航班延误，特别是在客流高峰期比较严重，这导致群体性扰乱事件频频发生，不仅影响了机场和航空公司的正常工作，也给乘客的安全带来了一定的隐患。

4. 航空犯罪手法日趋复杂多样

从过去的事故案例来看，犯罪手法大都局限于一些传统的攻击手段，如挟持、暴力攻击、骚扰以及身体侵害等，使用的工具也多为爆炸品、枪支、刀具以及一些普通的腐蚀性物品。但进入21世纪以来，特别是“9·11”事件之后，航空安保官员及学者们意识到，一个新的、更富想象力的，同时更具破坏力的时代已然来临。在生物科技、核能技术以及计算机技术等新兴科技快速发展的今天，犯罪手段可能采取的方式和手段已经大大拓宽，而这些可能的方法是目前的安全检查和安全防护设备无法检验和防护的。发生在英国航空公司航班上的前俄罗斯特工遭遇核泄漏袭击事件已经证明，这类手法的袭击是完全有可能的。此外，在地面使用肩扛式武器袭击飞行中的航空器，使用生物制品、运用计算机技术袭击机场的离港系统等都具备了现实可能性。因此，无论是恐怖袭击，还是传统的航空犯罪都有可能应用到这些新的攻击手法，而这也对既有的航空安保技术提出了严峻的挑战。

5. 航空跨国犯罪控制难度加大

航空运输国际化和自由化给航空安保提出了新挑战，具体来说，航空运输国际化提出的新问题包括但不限于：航空旅客的国际旅行可能掩盖和隐匿犯罪分子的犯罪计划，使得其行踪不易被安全机构掌握；联结航程中不同国家不同航空公司所执行的安全标准以及安全水准存在较大差异，这些差异将为跨国的袭击提供条件；航空运输市场的准入可能忽略承运人所应达到或执行的安全保卫标准；“9.11”事件后全球恐怖组织的合作对一些新国际航线到达国的安全保卫能力造成了严重威胁；大量国际旅客的旅行对航空运输部门、海关、旅客出入境管理部门等机构的联动和合作能力提出了更高的要求；新的国际间航空运输合作框架对于航空器、机长以及旅客的权利和义务安排是否考虑了航空安保的要求等。

6. 航空安保体系的投入有待加强

航空安保体系的投入包括资金、人员、设备和组织支持等。尽管从“9·11”事件之后，各国均加强了这方面的投入，但仍然显得不足。由于耗资巨大，即便在美国，也无法保证枢纽机场能全部安装更先进的安全检查设备；同时，由于从事航空安保工作需要保持高度警惕，而长期空防安全的平安表象，致使一些安全人员思想麻痹，行为懈怠；另外，一些企业重服务轻安全，重效益轻安全。近年来，我国广州、上海机场相继发生精神病患者混入隔离区并登上飞机事件，长沙机场发生送客人员登上航班飞机事件，某航空公司发生机长擅自允许旅客进入驾驶舱事件等，这些严重违反航空安保管理规定的事件对航空运输安全构成极大的潜在威胁。空中安全人员由于长期从事高强度的单一工作，职业倦怠现象也比较明显。对我国而言，目前急需解决的问题包括：安全检查设备的更新和提高，空中安全保卫人员的职业素质需要规章予以标准化，需进一步厘清机制以确保组织支持。

（二）未来航空安保的发展趋势

在全球经济一体化、航空运输国际化和旅客流动自由化的当代，由于各国政治、经济、文化差异产生的误解与利益冲突还将长期存在，恐怖主义的消除短期内难以奏效，以及乘机旅客众多及成分日益复杂。这些情况表明，全球未来航空安保体系面临的安全形势较以往更加复杂，安全威胁更多更大，安全保卫的任务也更加艰巨。因此，各国航空界已经行动起来。归纳这些行动所产生的影响，我们发现未来航空安保已经出现了下列发展趋势。

1. 航空安保社会化

随着航空运输的快速发展，航空运输在国民经济中的地位和作用将不断提升，乘坐民用航空器出行的人越来越多，越来越平民化，要掌握航空安保的主动权，必须走航空安保社会化之路，即积极创建社会多个主体广泛参与、职责明确、平等决策和信息对称的航空安保管理模式。

（1）参与主体的多元化

参与主体的多元化即航空安保行政当局力量、武装力量、社会公共组织和普通民众在对话与交流中形成信息的对称，在信息渠道拓展、信息传递与发布、事故危机管理与应急决策中形成防控航空违法犯罪、维护航空运输秩序的公共行动框架，使信息交流和公共决策的效果彰显。

（2）职责的分担多元化

职责的分担多元化即航空安保行政当局、一线运营单位、国家武装力量以及社会公共组织和普通民众应逐步形成职责共担、职责明晰的责任体系。航空安保职能属于公共安全范围，因此主管和主导部门应该是政府组织，政府部门的主要责任还包括确定标准和程序、监管标准执行以及调动资源等。但是，政府毕竟不是万能的，在信息收集、信息发布以及危机管理等环节上还需要公众、一线航空运营单位的配合和支持。同样，一线运营单位、国家武装力量以及社会公共组织和普通民众也承担有相应的职责，主体存在本身即具有的缺陷，因而各主体分担职责、紧密合作的机制将使航空安保系统更完善，运行机制更科学有效。

（3）参与主体的平等性

参与航空安保的主体在事关安全保卫效益提升的公共决策中是平等的。由于社会公共组织和普通民众获得了平等的参与机会，既往安全保卫决策过程的高高在上和结果与实际的脱离有望被消解，各类主体主动参与、决策过程平等表达等机制将提高决策的科学性。

（4）决策和行动的公开性

决策和行动的公开性即相关主体对决策过程信息的对称性。决策的依据不再是安全保卫当局的单方面判断和分析，决策的执行也非自上而下的布置，而是建立在安全保卫当局与公众交流基础上的决策过程的回溯。

2. 航空安保国际化

由于航空运输的国际性与航空违法犯罪行为的国际性，特别是航空犯罪愈演愈烈的恐怖主义趋势，决定了航空安全管理也必须通过多层次的国际合作才能奏效。首先是完善国际合作机制，扩大反恐怖国家主体构成，在全球、地区和双边关系范围内制定新的国际反恐怖国际法规，吸纳更多国家加入国际反恐公约。其次是扩大各领域的情报交流，完善反恐情报机制。信息情报是世界各国制止恐怖活动达到先发制敌的关键。在“9·11”事件之后，正是通过国际刑警组织渠道捕获恐怖分子近300名。再次是切断恐怖主义的资金供给渠道。资金是开展恐怖活动的重要基础条件，失去资金渠道，恐怖活动就失去财源的支持，其人力和犯罪物资就难以聚集，针对民航的破坏活动就会因此而减少甚至停顿。最后是促进恐怖分子惩治的“非政治化”进程。当下，政治犯不处罚的司法原则正在成为恐怖分子逃脱司法惩治的保护伞，也正在衍生反恐双重标准进而恶化国际合作。因此，排除政治和宗教因素，通过制定操作性的恐怖犯罪定义是强化反恐国际合作的一项重要基础工作。

3. 航空安保人员专业化

航空犯罪的广泛性和复杂性、航空犯罪手段的诡秘性和高科技化、航空犯罪处置的及时性和合法性要求航空安保在重视社会化的同时，还必须加强专业化建设。首先是建立健全航空安保人员的准入制度。航空安保人员的选拔，不仅要坚持职业忠诚、作风过硬的标准，而且要坚持体魄强健、危机处置心智稳定、攻击意识强弱的标准，防止用人不当引发的航空安保事故。其次是强化知识学习和能力培训。在向航空安保人员传授非法干扰处置程序、谈判技巧、犯罪心理、行政法、现代安全保卫技术、航空法等理论知识的同时，还应开展速度、反应、毅力等能力训练，输送大批高质量的安全保卫人才从事航空安保工作。再次是建立健全在岗复训机制。根据航空安保形势的发展和航空安保职业的特点，适时安排在岗人员离岗短期或长期培训，调节情绪，补充知识，消除疲劳。最后是定期开展专业演练。航空安保平安的表象，在一定程度上会导致安全保卫人员业务生疏，精神麻痹。开展在岗专业演练，可以复习业务，更新知识，增进协作。

4. 航空安保科技化

航空犯罪的科技化和隐秘化，要求航空安保必须及时科技化。首先是强化驾驶舱门的抗打击性能。劫机炸机犯罪，特别是新型恐怖主义劫机炸机犯罪得逞率及破坏性，与犯罪嫌疑人进入驾驶舱高度正相关。建造一个牢不可破的驾驶舱门，就可以有效地尽可能地消除犯罪嫌疑人控制驾驶舱的危险。其次是研发推广性能先进的检测仪，现代劫机炸机得逞率与爆炸性、易燃性等危险物品高度正相关，而危险物品及武器进入民用航空器又与检测设备性能不高有关。因此，新一代航空安保设备研发的潮流就是开发具备准确辨别爆炸性、易燃性、高致病性、高毒害性仪器设备。再次是建立健全乘机旅客身份识别系统。进一步提升现代生物身份识别技术，建立起一套步态技术初选、虹膜技术和指纹技术确定的生物识别技术系统，消除已知恐怖分子和精神病患者进入候机隔离区特别是进入航空器。最后是研发安全保卫用的防暴装备和高效远距离攻击武器。在现有基础上，进一步研发高效防暴装置，以降低或消除爆炸危险；同时开发方便、隐蔽、远距离使用的武器，以便在突发事件中迅速制服犯罪嫌疑人。

第四节　我国航空安保的发展历程

一、我国航空安保的发展历史

新中国成立以来，我国的航空安保也经历了一段不断变化和发展的历史。

（一）新中国民航成立初期的航空安保

新中国民航从诞生的那天起，航空安保就是一项十分重要的工作内容。1930 年 8 月，南京国民政府在美国资本的支持下，成立了中国航空公司，简称“中航”。1931 年 2 月，国民政府又与德国合资经营了欧亚航空公司，并于 1943 年 2 月经过改组，成立了中央航空运输公司，简称“央航”。由于得到了国民政府的支持，“两航”在中国发展很快，并成为中国民用航空的骨干公司。新中国成立之前，国民党政权企图将“两航”由香港迁至台湾，妄图依靠“两航”的空中运输力量，架起台湾与西南各省之间的桥梁，占据西南，负隅顽抗，待机反攻。为了粉碎国民党的战略阴谋，中共香港地下组织遵照中共中央的指示，策动了“两航”起义。1949 年 11 月 9 日，在中共中央的领导下，原中国航空公司和中央航空公司率领 3000 多名员工在香港宣布起义，两家公司的 12 架飞机安全飞抵天津和北京，回到新中国的怀抱。他们的归来为民航的创建提供了技术、人才、设备等多方面的条件，并在此后相当一段时期内成为一支主要的技术骨干力量，填补了新中国民航事业的空白。

“两航”起义后，当时的国民党政权更加仇恨新中国的民航事业，并开始了疯狂的反攻，他们用军事手段达不到目的，便开展广泛的“心战”发动了对中国民航的策反行动。新中国民航的航空安保工作，实质上是在中国共产党领导下的新中国同国民党台湾政权之间的政治、军事斗争的继续。针对当时的形势，民航局提出了要建立“空中防线”的安全保卫工作目标。“空防”即是“空中防线”的简称。空防的任务，主要是防止内部人员禁不住敌人诱惑，驾机外逃。在中国民航总局党委制定的《关于空中防线工作的措施和规定》中，明确提出保卫空中防线安全是民航政治工作的一项重要任务。“空中防线安全”在新中国民航诞生后的很长的一段时期内成为民航安全保卫工作的标准和方向。

（二）中国民航反劫机时期

1977 年 6 月 1 日，新疆乌鲁木齐管理局一架安 2 型 B-303 号飞机在执行乌鲁木齐至哈密的航班任务时被劫持。劫机犯张楚云，因政治问题被单位审查。张楚云为了达到逃亡境外的目的，携带玩具手枪、体育教练手榴弹、假炸药包以及大扳手、地图等物品购买机票登上民航客机。待客机起飞后，张楚云实施了劫机行为，被机组成功制止。自此以后，又连续发生数起劫持民航客机事件。20 世纪 70 年代末开始发生的劫持民用航空器的行为，对中国民航的安全构成极大危害，反劫机成为民航空防的主要任务，已经成为空中防线安全的代名词。在很长一段时间里，反劫机已经是我国航空安保的一个专用概念，直到今天，我们还能看到它的影响。

1983年5月5日，民航沈阳管理局B-296号飞机在执行6501沈阳至上海航班任务时被卓长仁等6名歹徒劫持到韩国。“5·5”劫机事件引起国家和民航的高度重视，民航通过对“5·5”劫机事件的处置，进一步强化了对国际民用航空安保的认识，在国家改革开放的方针指引下，空防工作开始走上与国际接轨的道路。

1983年10月4日，在民航局下发的《关于严防阶级敌人劫持、破坏飞机的通知》中，首次明确提出了“空防安全”这一新的概念；同年12月4日，在民航局下发的《中国民用航空局关于保证安全的决定》中，首次提出民航各级主要领导一定要把保证飞行安全和空防安全作为自己的中心任务，将“确保人机安全”明确规定为保证空防安全的“最高原则”与“空中防线安全”和“反劫机”相比较，空防安全的内涵已经发生了根本性质上的变化。首先是预防的对象变了，由防止内部人员外逃和单纯的防止劫持飞机转变为防止对民用航空的非法干扰。其次是航空安保的安全标准变了，由杜绝人机外逃事件发生，转变为确保人机安全是空防安全的最高标准。此后，空防安全便成为我国民航使用频率最高的一个名词。

（三）中国民航参与国际反恐合作阶段

“9·11”事件之后，空防安全的目标已由保护人机安全上升到保卫国家安全，空防工作全面国际化。随着我国国际化程度的日益提高，我国民航已成为国际民航的重要组成部分，因此反恐也成为我国民航安全发展的重要环节。但是我们更应该清楚地看到，目前对我国威胁最大的“东突”等组织依然在伺机而动。

我国新疆、西藏的民族分裂分子在国际反华势力的挑动下，与国际恐怖组织积极串通，逐渐强化选择恐怖主义活动来实现其险恶的政治目标。此事件后，境外的“东突”势力调整战略、策略，进一步推动“东突”问题国际化、联合化，对我国及周边国家的安全构成严重影响。2008年南方航空公司发生的“3·7”纵火毁机未遂案正是“东突”恐怖分子有组织、有预谋地破坏我国民航飞机、试图造成社会恐慌的典型案例。“9·11”事件之后，国际航空恐怖活动呈愈演愈烈之势，威胁手段和形式不断变化，破坏力度也大为加强，给我国空防安全工作提出巨大的挑战。

二、我国航空安保工作的历史发展

（一）安全保卫队伍不断发展壮大

全国民航安全保卫系统，是在民航局的统一领导下，由民航局、公安局负责全面组织、协调实施，以全国民航公安机关为执法主体，以安全检查队伍、航空安全员队伍、机场消防队伍和企业的民航安全保卫管理部门为重要组成部分的综合体系。

以国务院正式批准组建民航公安机构为标志，以保卫民用航空安全为工作职责的民航安全保卫系统在磨砺中逐步成长。

1. 民航公安机关的诞生

1978 年国家实行改革开放政策之时，中国民航还隶属于空军。当时民航的安全保卫工作由空军负责，各级民航部门设置保卫机构，归空军保卫部领导。当时从事民航安全保卫工作的人员只有 70 多名。

伴随改革开放，民航运输业步入快速发展时期，民航安全保卫工作的性质也发生了变化，由过去重点对民航系统内部进行管理，防止内部人员危害民航安全，转变为面向社会，防范复杂多变的外界因素对民航安全的威胁，以保障公共安全和维护民航正常运输的治安秩序。工作职能的转变，需要与之相适应的组织体制，1981 年 12 月 5 日，经国务院批准，民航公安机关正式成立。

国务院将民航公安机关的职责明确为：飞机空中的安全保卫，严防劫持、破坏飞机事件的发生；机场工作区域、候机楼公共场所的治安管理；专机、要害部位的安全保卫；民航内部发生的危害国家安全案件和其他刑事案件的侦查；驻机场的外国民航办事处人员和其他外国人在机场内的安全保卫和治安管理等。由此可以看出，设立之初的民航公安机关更多地体现了警察队伍的专项职能，而目前的工作职责更加广泛，强化了其对民航安全保卫的行业管理职能。

民航公安机关的成立，不仅是民用航空社会化的体现，而且凸显了民航空防安全属于国家公共安全的根本属性，同时标志着中国民用航空安全保卫工作走上了规范化和法制化的道路。

2. 稳固的空地防线

1981 年 4 月 1 日，根据在防止劫机和破坏航空器方面的要求，加快与国际接轨，我国开始实施对国际航班的安全检查；同年 11 月 1 日，开始对国内航班实施安全检查。1994 年，中国民航总局正式颁布《民用航空安全检查规则（试行）》，安全检查据此全面实施系统的管理标准和执检标准，进一步加强了全国机场安检部门机构、人员、设备设施的资质认证和专业技能培训工作。在此后 10 余年的发展过程中，安全检查这道民航安全保卫工作中最重要的地面防线，成为民航安全保障的稳固基础。

“9 · 11”事件以及之后几近泛滥的国际恐怖主义活动，使对航空器的保护成为世界各国高度关注的课题。2003 年，国务院批准成立中国民航空中警察队伍，从此我国出现了一支在民用航空器内进行空中反恐的专门国家力量，而我国的公安机关也由此产生了一个全新的警种。

早在 1973 年，国务院、中央军委就批准在我国的国际航班上设置专职负责安全保卫的“航空安全员”，负责空中安全保卫工作。1987 年 3 月，根据国务院领导批示，中国民航总局重新组建航空安全员队伍，航空安全员队伍从选拔、录用到训练都极其严格，在多次重大反劫机和处置各种危害飞行安全的行动中发挥了不可替代的作用。

民用航空的安全保卫工作，除预防性措施外，在发生安保事件或者生产事故时，还需要进行应急救援，其中消防队伍发挥了先锋部队的作用。

在 1991 年之前，民航机场的消防工作由公安武警部队承担。1991 年 12 月，根据国务院批准，由中国民航总局根据《关于企业事业单位专职消防队组织条例》和《民用机场专职消防队管理规则（试行）》组建专职消防队，并且使消防人员的培训工作日趋制度化和规范化。

（二）安保措施和管理手段持续进步

民用航空安全保卫，其作用如同盾牌，时时阻挡着外部威胁的侵入和危险的发生，并在危险发生之时将其及时消除。威胁能否成为现实，完全取决于作为屏障的安保措施的有效性。而安保措施是否有效，又是由管理的水平与能力所决定的。改革开放30年以来，在组织机构逐步充实发展的同时，中国民航安全保卫的措施也更加全面、细致、缜密，现代的、科学的管理思想与理念被广泛吸纳，先进的科学技术得以积极推动和运用。

1. 不断完善的安全保卫工作措施

在航空安全保卫工作建立之初，空军保卫部门的重要职责是防止飞行员或民航内部人员驾机或劫机叛逃，而随着民用航空逐步成为大众交通工具，航空犯罪和非法干扰行为的种类和形式更加多样，民航安全保卫工作的任务越来越复杂和全面，安全保卫的措施体系也逐渐向广度和深度方向发展进步。

在预防性安全保卫措施方面，以航空器及其进入航空器的人员、物品的保卫为核心，形成了链条式和层层防护的二维措施体系。在民用机场划定为候机隔离区、行李分拣装卸区、航空器活动区、维修区和货物存放区等控制区范围的基础上，实行严格的通行管制措施。加强了机场围界的管理和巡逻，实行了更加严密的人员和车辆的通行证件管理制度，为在保证安全的基础上提高运输效率，试行了管制代理人制度，对配餐品、储版品和其他机上供应品的保卫方面，采取了特定的措施和制度。同时，针对特殊旅客以及武器运输等方面都有严格的措施和制度。目前，各民用机场、航空公司等安全保卫责任主体，均制定了符合法规标准的安全保卫方案。

在应急处置方面，国家层面制定了《国家处置劫机事件总体预案》，各省、市、自治区普遍制定了本级、本地区的处置预案，各机场、航空公司也建立了突发事件处置预案，国家处置劫机事件领导小组自成立以来，每年都组织进行反劫机演习，各地区、机场、航空公司也自行组织制度化的演习、演练。

在保证内部安全、队伍纯洁方面，民航安全保卫系统有着良好的传统和成功的经验。在此基础上，目前采用了国际通行的背景调查制度，调查范围不仅包括民航重要工作人员，还包括所有持有民用机场控制区长期通行证的人员。同时，根据国家法律要求，民航各单位建立的企业内部安全保卫机制，将进一步充实民航的内部防范体系。

经过多年的努力，民航安全保卫系统已经建立了从政府主管部门到各民航企业、从全面预防到应急处置的措施体系。

2. 日益先进的管理方法与手段

随着中国民航的发展以及与国际社会交流往来的增加，民航安全保卫系统的管理手段和方法也不断向更高层次递进，为中国民航的国际化进程提供了有力的支持。

2004 年，中国民航迎来了国际民航组织的航空安保审计。此次审计是依照最新版《国际民航公约》附件 17 的标准，对中国民航进行全面的、系统的、强制的航空安保检查、评估活动。国际航空安保审计始于 2002 年，这是在经历了“9 · 11”事件的重创之后，国际民航组织为提高世界范围内的航空安全保卫水平而采取的举措。

这次审计活动不仅是中国民航安全保卫措施水平首次接受国际标准的全面审阅，其更加深远的价值是在安保管理方面——中国民航正式以国际化的视角审视自己的民航安保整体管理水平。之后，中国民航开始实施广泛的国内机场的航空安保审计计划。虽然审计不是民航安保管理体系的全部，只属于质量控制的手段和方法之一，但它已经从根本上改变了人们传统的（如依靠临时性大检查进行安保措施体系有效性评估）粗犷管理观念。

借助国际航空安保审计，中国民航在 2004 年 4 月完成了一个在中国民航安全保卫工作中具有重要意义的政府文件——《国家民用航空安全保卫规划》，这一计划成为中国民航安保措施标准化发展的蓝图。

如果说 2002 年国际航空安保审计使我们明确地意识到管理科学在安全保卫工作中的基础性和重要性，那么 2007 年 3 月开始推行的“航空安保管理体系”建设，则表现出中国民航高度自觉地引进、推行和自我研发更加高级的民航安保管理方法和手段的强烈愿望。航空安保管理体系不是具体的航空安保措施和程序，而是驱动安保措施和程序高效运行的更加先进的管理方法。航空安保管理体系所强调的“系统性”是现代管理思想的重要特征，它促使作为民航安保工作主体的民航企业建立自身的良性管理机制，持续提高自我安保管理水平。

3. 科学技术的积极应用

在改革开放的 30 年间，民航安全保卫系统在完善各项工作措施和提高管理手段的同时，高度重视并积极致力于科学技术的投入与应用。目前，不仅拥有尖端的安保设施设备，大量的高新技术也在民航安保的不同领域应用。

从最初的民用机场几乎没有围界设施，存在大量飞行区成为牧场而导致严重事故征候的现象，到如今采用全封闭的隔离和侵入报警系统；从简易的 X 光机、安全门和手持金属探测器，到当前的大型货物安全检查仪、CTX检查仪、液体探测仪和痕量爆炸物探测器；从费时费力的人工安保数据统计方式，到目前的高速安全检查信息系统，都是民航安保科技进步的真实反映。

中国民航安保科学技术和设施设备的投入，是与当时的安全形势密切相关的。1990年10月2日，劫机犯蒋晓峰劫持厦门至广州的波音737飞机要求去往台湾，机组在与劫机犯机智周旋的过程中准备紧急降落白云机场，进入驾驶舱的歹徒见劫机阴谋即将破产，恼羞成怒，对机长施以暴力，致使飞机失控偏离跑道，撞到停机坪上另外两架客机，酿成了128人死亡、53人受伤、3架飞机损毁的悲剧。“10·2”事件的发生，使提高安全保卫措施水平成为迫切需要。1992年，国务院批准民航局征收机场管理建设费，专项用于安排机场封闭式管理工程的建设、大型消防车、公安和安全检查专用设备等。从此中国民航安全保卫专项资金持续投入，设施设备得以及时更新换代，有力地保证了安保措施水平和质量。2008年北京奥运会期间，中国民航大量投入使用液体探测仪、痕量爆炸物探测仪、防爆干扰仪以及防核化生设备等，为做好民航的奥运安全保卫工作，提供了良好的物质和技术保障。

除加强先进科学技术产品的投入和使用外，民航局公安局也高度重视民航安保的软科学理论研究和应用，每年投入大量资金进行管理科学的理论研究和安防技术的应用研究。

（三）航空安保工作成绩斐然

1. 有效的第一道防线

在以预防为主的民航安全保卫工作中，地面的防范体系构成了民航的第一道防线。在这道防线中，承受压力和工作量最大的无疑是安全检查部门。每年数以千万的旅客流量，代表了他们的工作量；每年查获的包括刀具、枪支、弹药、雷管在内的上万件危险品、违禁品，代表了他们的工作成绩。在每起藏匿危险品逃避安全检查的企图背后，都可能存在一个犯罪的阴谋。

1993年7月23日，南京机场安全检查站在对8508航班进行X光机检查的过程中，发现一名男青年的行李可疑，经民警搜查，确定其携带爆炸装置并找到写有劫机指令的纸条，犯罪嫌疑人对其企图劫持的事实供认不讳。

而同年10月4日，广州白云机场女安全检查员在对一男子进行检查时，发现其腹部异常，便猛地掀起其上衣，赫然发现绑在身上的一排炸药和电线、开关。安全检查员随即拼死抓住该人防止其触动开关，并在其他安全检查员的协助下将其制服。经搜查，又找到预谋劫机的信件和绑在小腿处的一把水果刀。地面安保人员的细心和勇敢，阻止了这个一心准备“干一件惊天动地的大事”的歹徒的罪恶企图。

2. 成功挫败多起劫机等严重非法干扰行为

世界范围内发生的各类航空犯罪事件已经证明，没有任何一个国家的地面防线是绝对可靠和万无一失的。因此，地面防线的百密一疏，就需要空中力量的最后搏击。这也是民航安保要建立立体多层防线的重要原因。

1977 年 6 月 16 日，我国发生的第一起劫机案件，就以犯罪行为被挫败而告终。在乌鲁木齐至哈密的 303 号客机上，湖北省某县的会计张楚云以手枪、手榴弹和爆炸装置相威胁，企图劫持飞机逃往境外。机组人员断然拒绝了张楚云的要求，在飞行过程中严密保护驾驶舱，并机智地与歹徒周旋。在 303 号客机临近降落时，歹徒跳窗逃跑时摔死。

1997 年 12 月，在上海飞往厦门的 5815 航班上，通过航空安全员的果敢处置，成功阻止了歹徒的劫机犯罪活动。飞机起飞一小时后，一名男青年突然手持爆炸装置，以炸机威胁机组飞往境外。机组立即启动反劫机预案，经过周密部署，航空安全员在其他机组成员和旅客的配合下，干净利索地将歹徒制服。

而 2008 年奥运会前夕发生的“3 · 7”事件，则充分反映了机组高度的防范意识、训练有素的技能和娴熟的处置程序。在南方航空公司 6901 航班飞行途中，警惕的乘务员敏锐地嗅到一名从卫生间出来的女青年身上的特殊味道，对卫生间进行检查后发现一个可乐罐。接到通知的空警检查可乐罐后，认定这是一个经过伪装的燃烧装置，随即对这名女青年进行了控制和搜查，并将其两名同伙控制。机组按照预案程序紧急迫降。事后经侦查证实，这是一起恐怖组织为破坏奥运会而预谋实施的自杀式行动。

民航系统在空中一共挫败近 40 起劫持和破坏事件。而这些案例，无疑是广大民航机组成员、空中保卫人员临危不惧的胆魄，以及时刻把党和国家利益、旅客生命安全放在第一位的忘我牺牲精神的缩影。

3. 有力维护民航治安秩序和打击刑事犯罪

在预防和处置劫持、爆炸、燃烧飞机等严重非法干扰行为的同时，各级民航公安保卫机关在治安管理和刑事侦查方面的工作，不仅有力地维护了民航治安秩序，也打击了航空犯罪活动，对于保障民航正常的运输生产秩序，同样是不可缺少的。

同时，民航公安机关为维护民航企业及广大旅客的合法权益也做出了重大贡献。公安机关的侦查活动有力地打击和遏制了机场内盗窃旅客行李和货物的犯罪。特别是近年来，空中盗窃旅客贵重财物的犯罪活动尤为猖獗，全国民航公安机关通力配合，成功破获多起案件，打掉多个犯罪团伙，有效地遏制了犯罪蔓延的势头。2000 年，经过全国民航公安机关和航空公司保卫部门的共同努力，通过“打击侵占、诈骗民航机票款专项斗争”活动，为民航企业挽回了 1 亿元人民币的经济损失。

在国家号召开展的全国禁毒斗争中，民航安全检查部门、公安侦查机关每年都查获、破获大量利用航空器贩毒的案件，工作成绩在全国名列前茅。在公安部全国“追逃”专项斗争以及协查缉捕A级在逃犯罪嫌疑人的工作中，民航公安机关都做出了突出的贡献。

在维护、净化民航治安秩序方面，民航公安机关承担的日常性基础工作，对于民航安全也是不可替代的。民航公安机关的大部分警力，用于维护候机楼公共治安秩序，包括维护安全检查现场秩序，调查处置安全检查部门移交的可疑人员，管理内场和公共区交通管理秩序，依法处置群体性事件等。

4. 圆满完成奥运安保等重大安保任务

2008年，举世瞩目的第29届奥运会和第13届残奥会胜利闭幕，全国民航安全保卫系统圆满地完成了这次重大、光荣而特殊的任务。在同年10月23日举行的全国公安系统奥运安保表彰大会上，全国民航公安系统共有11个集体和个人受到表彰，民航局公安局荣获集体一等功。此外，民航公安保卫系统还有9个集体和25名个人作为全国民航系统奥运保障先进集体和先进个人受到表彰。

奥运安保工作的难度和重要性，对于民航安全保卫系统是史无前例的。2008年6月25日，胡锦涛同志在视察首都机场T3航站楼的时候，特别强调指出："奥运航空运输保障的关键，一是确保安全，二是服务质量。"胡锦涛同志的讲话为民航奥运安保工作指明了方向，给予全国民航公安系统极大的鼓舞和鞭策。经过3年的精心筹措、一年的积极备战和两个多月的冲刺，民航奥运安保工作取得了全面胜利，在奥运会和残奥会期间，包括22个涉奥机场在内的全国147个机场，实现了"三个不发生"和"十项零指标"，确保了国家"平安奥运"目标的实现。

民航安保的优异成绩，不仅是改革开放30年来民航安保工作经验积累的集中体现和当前民航安全保卫工作水平的最高展现，更是全体民航安全保卫工作者无私奉献精神的最好诠释。在这30年的岁月里，无论在奥运安保工作关键时刻，在每年的春运、黄金周最繁忙的时候，在枯燥工作的日日夜夜，还是在与犯罪分子斗智斗勇的执法过程中，在与亡命歹徒殊死搏斗的现场，在抗震救灾的战场上，都洒下了全国民航安全保卫工作者的汗水和鲜血，发生了无数可歌可泣的感人故事，涌现出许许多多积劳成疾、光荣负伤甚至牺牲生命的英雄模范。改革开放30年间，仅民航公安机关就荣获了6个集体一等功、39个集体二等功和2个全国优秀公安局、11个全国优秀公安基层单位的光荣称号，全国民航公安人民警察中涌现了1名一级英模、2名二级英模，11人获个人一等功，83人获个人二等功，4人获"全国特级优秀人民警察"称号，29人获得"全国优秀人民警察"称号。

第二章 航空安保设备设施

第一节 航空器活动区安全保卫设施

一、航空器活动区安全保卫设施的关键要素

（一）监控系统

高效、全面的监控系统是航空器活动区安全保卫设施的基础。该系统应涵盖视频监控、雷达监测等多种技术手段，以实现全天候、无死角的监控。

1. 视频监控

视频监控系统是航空器活动区监控的重要组成部分。通过在关键区域安装高清摄像头，可以实时监控航空器的起降、滑行、停放等过程，以及活动区内的人员和车辆活动。同时，视频监控系统还可以与报警系统联动，一旦发现异常情况，能够立即触发报警，以便安保人员迅速做出响应。

2. 雷达监测

雷达监测系统可以实现对航空器活动区的空中和地面目标的实时监控。通过雷达设备，可以获取目标的位置、速度、高度等信息，及时发现潜在的冲突和危险。此外，雷达监测系统还可以与视频监控系统相互补充，提高监控的准确性和效率。

3. 其他技术手段

除了视频监控和雷达监测，还可以考虑采用其他技术手段来增强监控系统的功能。例如，可以引入无人机监控系统，对活动区进行空中巡逻和监控；可以利用人工智能和大数据技术，对监控数据进行智能分析和处理，提高监控的自动化和智能化水平。

4. 操作要求

为了确保监控系统的有效运行，需要制定一系列操作要求。首先，要确保监控系统的稳定运行和可靠性，定期对设备进行检查和维护；其次，要加强对监控数据的分析和处理，及时发现异常情况并采取相应措施；最后，要加强安保人员的培训和演练，提高他们对监控系统的使用和管理能力。

（二）报警系统

报警系统应能在发现异常情况时迅速发出警报，以便安保人员及时做出反应。报警系统应与监控系统紧密配合，确保信息的准确传递。

1. 报警系统概述

报警系统作为安保工作的重要组成部分，其核心功能是在监控到异常情况时迅速、准确地发出警报。这一系统通过高效的信息传递和处理机制，确保安保人员能在第一时间内接收到报警信号，从而采取相应的应对措施，保障区域的安全。

2. 报警与监控系统的配合

信息共享：报警系统应与监控系统实现无缝对接，确保两者之间的信息共享。当监控系统监测到异常情况时，能够自动触发报警系统，使其迅速发出警报。

实时监控与报警确认：通过监控系统的实时画面，安保人员可以迅速确认报警信号的真实性，从而避免误报或漏报的发生。同时，监控系统还可以为安保人员提供异常情况的详细信息，帮助他们更好地应对。

3. 报警系统操作建议

（1）设置报警阈值：根据实际需要，合理设置报警系统的阈值。过高的阈值可能导致漏报，而过低的阈值则可能引发误报。因此，需要根据实际情况不断调整和优化报警阈值。

（2）定期测试与维护：为确保报警系统的正常运行，应定期进行测试和维护。这包括检查报警设备的工作状态、测试报警信号的传输速度等。通过定期测试和维护，可以及时发现并解决潜在问题，确保报警系统在关键时刻能够发挥出应有的作用。

（3）培训安保人员：为提高安保人员对报警系统的熟悉程度和处理能力，应定期组织相关培训。培训内容包括报警系统的基本原理、操作流程、常见问题及应对措施等。通过培训，使安保人员能够熟练掌握报警系统的使用方法，提高应对异常情况的能力。

4. 报警系统优化方向

（1）智能化升级：随着技术的不断发展，报警系统也可以向智能化方向升级。例如，通过引入人工智能算法，实现对异常情况的自动识别和预警，进一步提高报警系统的准确性和效率。

（2）多维度报警方式：为满足不同场景下的报警需求，报警系统可以采用多种报警方式，如声音报警、灯光报警、短信通知等。这样可以确保在不同环境下都能及时、有效地发出警报。

（3）集成化管理：将报警系统与其他安防系统（如门禁系统、视频监控系统等）进行集成化管理，实现统一监控和调度。这样可以提高整个安保工作的协同性和效率，进一步提升区域的安全性。

（三）安保人员

训练有素、反应迅速的安保人员是航空器活动区安全保卫设施的重要组成部分。他们应熟悉航空安全知识，掌握应对突发事件的技能。

为了确保他们能够胜任这些职责，这些安保人员必须经过严格的专业培训和实战演练。培训内容涵盖了航空安全基础知识、安保流程、应急处理等多个方面，旨在提高他们的专业素养和应对能力。同时，定期的实战演练也是必不可少的，通过模拟各种突发事件，让安保人员在实践中锻炼反应速度和处置能力。

除了基本的安保技能，这些安保人员还需要具备高度的责任感和敬业精神。他们应时刻保持警惕，密切关注航空器活动区的动态，一旦发现异常情况或安全隐患，能够迅速做出反应，采取有效措施予以处置。同时，他们还需要与其他相关部门紧密协作，形成合力，共同维护航空器活动区的安全稳定。

（四）物理隔离设施

为了确保航空器活动区的安全，防止非授权人员进入，需要设置一系列坚固耐用的物理设施，包括围栏、岗亭和护栏等。这些设施不仅需要有足够的强度和稳定性，以应对各种恶劣天气和意外情况，还需要具备高度的安全性和防范性，以有效防止非法入侵。

1. 围栏

围栏是航空器活动区的主要安全设施之一，通常采用高强度材料制成，如钢铁或合金。围栏的高度和厚度应根据实际需要和安全标准进行设计，以确保其能够有效地阻挡非授权人员进入。此外，围栏的顶部可以安装报警系统，一旦有人试图攀爬或破坏围栏，系统就会立即发出警报，以便安保人员及时做出响应。

2. 岗亭

岗亭是航空器活动区内的重要监控和管理设施，通常位于关键位置，如入口和出口处。岗亭内应配备专业的安保人员和先进的监控设备，以便实时监控航空器活动区的情况，及时发现并处理任何安全隐患。此外，岗亭还应具备足够的通信和联络设备，以便与其他安保部门或相关部门保持紧密的联系和沟通。

3. 护栏

护栏是航空器活动区内用于分隔不同区域或道路的设施，通常采用钢铁或塑料等材料制成。护栏的高度和强度应根据实际需要和安全标准进行设计，以确保其能够有效地分隔不同区域，防止非授权人员进入。此外，护栏的表面可以涂上反光材料，以提高其在夜间或低光环境下的可见性。

除了以上三种物理设施，还可以考虑增加其他安全措施，如安装监控摄像头、加强巡逻和巡查等。这些措施可以相互补充和配合，共同提高航空器活动区的安全性和防范性。

这些设施应具有足够的强度和稳定性，能够有效地阻挡非授权人员进入，并配备专业的安保人员和先进的监控设备，以实现实时监控和管理。此外，还应加强其他安全措施，以提高航空器活动区的整体安全性。

二、实践操作中的应用

（一）定期演练

为确保安保设施在关键时刻能够发挥作用，航空公司应定期组织安全演练，检验设施的完备性和安保人员的应急处理能力。

1. 安全演练的目的与重要性

安全演练旨在模拟真实的紧急状况，以测试安保设施和安保人员的反应速度、判断能力和协调能力。通过演练，可以发现安保体系中存在的问题和不足，进而及时进行整改和完善。这样，在紧急情况下，安保设施和安保人员能够迅速、准确地应对，确保航空安全。

2. 安全演练的内容与方式

针对不同类型的紧急情况制订详细的演练计划，如恐怖袭击、火灾、紧急撤离等。

组织安保人员进行实战模拟，包括使用安保设备、与机组人员协调等。

在演练中设置障碍和困难，以测试安保人员的应变能力和解决问题的能力。

对演练过程进行全程记录和分析，找出问题和不足，制定改进措施。

3. 定期组织与持续改进

制订安全演练的定期计划，如每季度或每半年进行一次演练。

根据演练结果和安保设施的使用情况，对安保措施进行持续改进和优化。

加强与相关部门的沟通与协作，共同提升航空公司的整体安保水平。

4. 保障措施与监督机制

确保安全演练所需的资金和物资得到充分保障。

建立专门的监督机构或指定专人负责安全演练的监督和评估工作。

对在安全演练中表现突出的安保人员进行表彰和奖励，激励全体员工积极参与安保工作。

通过以上措施的实施，航空公司可以确保安保设施在关键时刻能够发挥重要作用，为乘客和机组人员提供更加安全、可靠的航空旅行环境。

（二）技术更新

随着科技的进步，航空器活动区安全保卫设施也应不断更新升级。航空公司应关注新技术的发展，及时引进适用于航空安全保卫的先进技术。

1. 技术进步对航空安全保卫的影响

技术进步对航空安全保卫的影响是深远的。现代科技如人工智能、大数据分析、物联网等，为航空安全保卫提供了前所未有的手段。例如，利用人工智能技术，可以实现对航空器活动区的实时监控和预警；通过大数据分析，可以精准识别潜在的安全风险；而物联网技术的应用，则能够实现航空器与地面设备之间的实时通信，提高航空器的运行效率和安全性。

2. 航空公司对新技术的关注与引进

作为航空安全保卫的主体，航空公司应始终保持对新技术的敏感度。这意味着航空公司需要建立一套完善的技术引进机制，及时跟踪和评估新技术的发展动态，并根据自身需求进行有针对性地引进。同时，航空公司还应加强与科研机构、高校等单位的合作，共同研发适用于航空安全保卫的新技术和新设备。

3. 新技术在航空安全保卫中的应用

新技术的引进和应用是航空安全保卫工作的重要环节。以人工智能技术为例，通过深度学习等算法，可以实现对航空器活动区的智能监控，自动识别异常行为或事件，并及时发出预警。此外，大数据分析技术也可以用于航空安全风险管理，通过对历史数据的挖掘和分析，发现潜在的安全风险点，为制定针对性的安全措施提供依据。

4. 面临的挑战与应对策略

当然，在新技术应用的过程中，航空公司也面临着诸多挑战。例如，新技术的研发和引进需要大量的资金投入；同时，新技术的应用也需要相应的人才支持。为了应对这些挑战，航空公司可以采取以下策略：一是加大对航空安全保卫技术研发的投入力度；二是加强与相关领域的人才培养和引进；三是建立健全的新技术评估和推广机制，确保新技术能够在航空安全保卫工作中发挥实效。

（三）人员培训

航空公司应加强对安保人员的培训，提高他们的安全意识和应对能力。培训内容应包括航空安全知识、应急处理技能等。

1. 航空安全知识

航空法规与规定：培训安保人员了解并遵守国际和国内的航空安全法规，确保所有操作符合规定。

安全风险识别：教授如何识别和评估潜在的安全风险，如乘客行为、物品检查等。

威胁评估与应对：提高安保人员对潜在威胁的敏感性和评估能力，以便及时采取适当的行动。

2. 应急处理技能

紧急情况应对流程：让安保人员熟悉各种紧急情况的应对流程，如火灾、劫机等。

疏散与逃生指导：教授乘客和机组人员在紧急情况下的疏散和逃生技巧，确保他们能够快速、有序地离开飞机。

急救与心肺复苏术（CPR）：培训基本的急救技能，包括止血、包扎、心肺复苏等，以便在紧急情况下提供及时的医疗援助。

3. 丰富培训内容

沟通与协作技巧：提高安保人员与其他机组人员、乘客之间的沟通能力，以便在紧急情况下进行有效的协调和配合。

心理素质与应对压力：培养安保人员在高压环境下的心理素质和应对压力的能力，确保他们能够在紧急情况下保持冷静和理智。

跨部门合作与信息共享：加强与其他部门（如地面操作、客舱服务等）的合作和信息共享，共同维护航空安全。

4. 操作层面的培训

实地演练与模拟训练：通过模拟各种紧急情况，让安保人员在真实环境中进行演练，提高他们的实际操作能力。

定期检查与评估：对安保人员的培训成果进行定期检查和评估，及时发现并解决存在的问题。

持续更新与改进：根据行业发展和实际需求，不断更新培训内容和方法，确保培训的有效性和实用性。

（四）跨部门协作

航空器活动区安全保卫工作涉及多个部门，如安保、运行控制、地面服务等。各部门应加强沟通协作，共同维护航空器活动区的安全。

1. 航空器活动区安全保卫工作的重要性和涉及部门

航空器活动区是一个繁忙而复杂的运行环境，其中包括飞机起降、滑行、货物装卸等一系列重要操作。这个区域的安全对于确保飞行安全、维护人员生命安全以及避免财产损失具有重要意义。航空器活动区的安全保卫工作涉及多个部门，这些部门之间必须密切协作，确保工作的顺利进行。

首先，安保部门在航空器活动区安全保卫工作中扮演着关键角色。他们需要制定严格的安全制度和程序，防止未经授权的人员和物品进入航空器活动区。此外，安保部门还需定期组织安全培训和演练，提高员工的安全意识和应急处理能力。

其次，运行控制部门负责监控和管理航空器活动区的日常运行。他们需要与安保部门紧密合作，确保所有操作符合安全要求。运行控制部门还需要与地面服务部门保持密切沟通，了解航班动态和地面保障需求，确保航空器活动区的运行顺畅。

地面服务部门则负责为航空器提供地面保障服务，如客货运输、加油、清洁等。他们需要与安保和运行控制部门协同工作，确保在保障航空器安全的前提下，高效完成地面保障任务。

2. 加强各部门之间的沟通协作

为了共同维护航空器活动区的安全，各部门需要加强沟通协作。首先，各部门应定期召开联席会议，共同讨论和解决航空器活动区安全保卫工作中遇到的问题。此外，各部门还可以建立信息共享平台，实时传递安全信息、航班动态等重要数据，提高工作效率。

此外，针对可能出现的突发事件和安全隐患，各部门需要共同制定应急预案和处置措施，这包括对恐怖袭击、非法入侵、天气异常等突发事件的应对预案，以及针对航空器故障、跑道入侵等安全隐患的处置措施。通过加强演练和培训，提高各部门在应对突发事件和安全隐患时的协同作战能力。

为了提高员工的安全意识和应对能力，各部门可以共同开展安全培训和宣传活动。例如，通过举办安全知识讲座、应急处理技能培训等活动，提高员工对航空器活动区安全保卫工作的认识和重视程度。同时，通过宣传海报、宣传册等形式，向员工普及安全知识和应急处理方法，提高员工的安全意识和自我保护能力。

总之，航空器活动区安全保卫工作涉及多个部门，各部门应加强沟通协作，共同维护航空器活动区的安全。通过加强沟通协作、制定应急预案和处置措施以及开展安全培训和宣传活动等措施，可以提高各部门在应对突发事件和安全隐患时的协同作战能力，确保航空器活动区的安全稳定运行。

航空器活动区安全保卫设施是保障航班安全的重要手段，其实践操作涉及多个方面。航空公司应全面考虑安全保卫设施的关键要素，结合实际情况制定合理的操作流程，确保各项设施的有效运行。同时，航空公司还应注重技术创新和人员培训，不断提升安全保卫工作的水平，为旅客提供更加安全、舒适的飞行体验。

第二节　航站楼安全保卫设施

随着航空业的飞速发展，航站楼作为飞机起降、旅客集散的重要场所，其安全保卫工作至关重要。为了保障旅客的生命财产安全，维护航空秩序，本节将对航站楼的安全保卫设施进行详细解读和操作指南，旨在提高安保工作的效率和水平。

一、航站楼安全保卫设施概览

航站楼的安全保卫设施种类繁多，包括但不限于以下几个方面。

（1）安检设备：包括 X 光安检机、金属探测器、液体检测仪等，用于对旅客及随身携带物品进行安全检查。

（2）监控系统：安装高清摄像头，实现全方位、无死角监控，及时发现并处理异常情况。

（3）报警系统：配备烟雾报警器、入侵报警器等，确保在火警、入侵等紧急情况下能够迅速响应。

（4）门禁系统：实现进出航站楼的人员管理，确保只有授权人员能够进入关键区域。

（5）防爆设备：如防爆毯、防爆球等，用于在发生爆炸等紧急情况时，降低人员伤亡和财产损失。

二、安全保卫设施操作指南

安检设备操作：

（1）旅客进入安检区域前，需将随身携带的物品放入 X 光安检机中进行检查。

（2）旅客通过金属探测器时，需保持正常步速，避免触碰探测器造成误报。

（3）若旅客携带液体物品，需通过液体检测仪进行检查，确保液体安全。

监控系统操作：

（1）监控中心工作人员需实时监控各个区域的摄像头画面，发现异常情况立即报告。

（2）定期对监控系统进行维护和检查，确保画面清晰、系统运行稳定。

报警系统操作：

（1）工作人员需熟悉报警系统的操作流程，包括火警报警、入侵报警等。

（2）在收到报警信号后，需立即赶到现场确认情况，并采取相应措施进行处理。

门禁系统操作：

（1）工作人员需对进出人员进行身份验证和授权检查，确保只有授权人员能够进入关键区域。

（2）定期对门禁系统进行维护和检查，确保其正常运行和记录完整。

防爆设备操作：

（1）工作人员需熟悉防爆设备的使用方法，包括如何铺设防爆毯、如何投掷防爆球等。

（2）在发生爆炸等紧急情况时，需迅速启动防爆设备，以降低人员伤亡和财产损失。

航站楼的安全保卫工作是一项长期而艰巨的任务，需要全体工作人员的共同努力和配合。通过本节的介绍和操作指南，希望能够提高大家对航站楼安全保卫设施的认识和操作水平，为旅客提供更加安全、舒适的航空出行体验。同时，也希望大家能够时刻保持警惕，及时发现并处理安全隐患，确保航站楼的安全稳定。

第三节　国内外安检设备介绍

安检设备是安全检查设备的简称，主要用于公安反恐、机场、法院、检察院、监狱、车站、博物馆、体育馆、会展中心、演出场所、娱乐场所等需要安检的场所。安检设备主要包括安检门、手持金属探测仪、安检 X 光机、危险液体检测仪、车底视频检查镜、鞋内金属探测仪、软管内窥镜等。

一、国内安检设备

在国内，安检设备的发展已经相对成熟。常见的安检设备包括金属安检门、手持金属探测器、安检 X 光机、液体探测器、爆炸物探测器等。这些设备在商场、机场、车站等场所得到了广泛应用。例如，金属安检门和手持金属探测器主要用于对人员进行安检，探测被隐藏在人体身上的金属物体，如首饰、电器元器件、金属工具等。安检 X 光机则主要用于对行李包裹等物品进行安检，能够检测出其中的金属、塑料等物质。此外，液体探测器和爆炸物探测器也能够检测出被检物体中的危险物品。

金属安检门和手持金属探测器作为最常用的个人安检设备，能够快速准确地检测出隐藏在人员身体上的金属物体，从而防止危险物品进入公共场所。这种设备通常应用于公安、机场、车站、体育场馆等需要高度安全监控的场所。

除了个人安检设备，行李安检设备也是不可或缺的。安检 X 光机通过 X 射线透视技术，能够清晰地显示出行李包裹中的物品，包括金属、塑料、液体等，从而有效防止危险品通过行李携带进入安全区域。

此外，液体探测器和爆炸物探测器则针对特定的安全威胁进行了专门设计。液体探测器通过检测液体的成分和性质，能够迅速辨别出是否存在危险液体，如易燃液体、有毒液体等。而爆炸物探测器则通过先进的物理和化学传感器技术，能够监测到微小的爆炸物痕迹，及时发现潜在的爆炸危险。

为了更好地应对多样化的安全挑战，这些安检设备还经常与视频监控、人脸识别等先进技术相结合，形成一套完整的安检系统。通过这些设备的协同工作，可以大大提高安检的效率和准确性，为公众提供一个更加安全可靠的生活环境。

总的来说，安检设备在国内的应用已经相当广泛，并且在不断的技术创新中不断提升其性能和功能。未来，随着人工智能、大数据等技术的发展，安检设备还将继续向着更加智能化、高效化的方向发展，为社会安全保驾护航。

二、国外安检设备

在国外，安检设备同样得到了广泛的应用。与国内相似，常见的安检设备也包括金属探测器、X 光安检仪等。此外，国外还发展出了一些新型的安检设备，如毫米波安检仪和磁力检测仪等。毫米波安检仪使用微波成像技术，能够扫描被检物体，探测出其中的金属、塑料等物质，同时可以检测出衣服下的隐蔽物品，如手枪、刀具、毒品等。磁力检测仪则利用磁性检测技术，能够检测出被检物体中的金属物质，如枪支、弹药等。

国外常见的安检设备也包括金属探测器和 X 光安检仪等。这些设备能够快速、准确地检测出被检物体中是否携带金属物品或危险品，从而有效地防止危险事件的发生。

除了传统的安检设备，国外还发展出了一些新型的安检设备，如毫米波安检仪和磁力检测仪等。毫米波安检仪采用微波成像技术，能够扫描被检物体，探测出其中的金属、塑料等物质，同时可以检测出衣服下的隐蔽物品，如手枪、刀具、毒品等。这种设备具有非接触、无损伤、高效快速等优点，因此在安检领域具有广阔的应用前景。

磁力检测仪则利用磁性检测技术，能够检测出被检物体中的金属物质，如枪支、弹药等。这种设备具有灵敏度高、检测速度快等特点，能够有效地检测出金属物品，从而防止危险品进入公共场所。

除了以上几种常见的安检设备，国外还有一些其他的安检设备，如人体安检门、安检机器人等。这些设备采用不同的技术原理，能够实现对被检物体的全面、高效检测，提高安检工作的效率和准确性。

总之，在国外，安检设备的广泛应用为公共场所的安全和秩序提供了有力的保障。随着技术的不断发展，安检设备也在不断更新换代，不断提高其检测精度和效率，为人们的生命财产安全提供更加坚实的保障。

三、操作安检设备的注意事项

在操作安检设备时，需要注意以下事项。

（1）遵守操作规程：不同类型的安检设备有不同的操作规程，操作人员需要熟悉并遵守相关规定，确保设备能够正常运行并准确检测出危险物品。

（2）注意安全：在操作安检设备时，需要注意自身和他人的安全。例如，在使用金属探测器时，需要避免将探测器指向人体敏感部位；在使用 X 光安检机时，需要确保被检物品中没有危险物品等。

（3）定期维护：为了确保设备的准确性和稳定性，需要定期对设备进行维护和保养。例如，清洁设备表面、检查设备连接线路等。

（4）遵守法律法规：在操作安检设备时，需要遵守相关的法律法规，如《中华人民共和国反恐怖主义法》等。对于发现的违禁物品或可疑情况，需要及时报告相关部门并妥善处理。

总之，安检设备在维护公共安全方面发挥着重要作用。在操作安检设备时，需要遵守相关规定和注意事项，确保设备的准确性和稳定性，为公共安全保驾护航。

第三章　威胁评估

第一节　威胁评估的功能

一、威胁评估是宏观安保风险管理的前提

前面我们讨论了针对威胁的分级应对，是航空安保的基本工作机制，是航空安保的宏观风险管理活动。

在航空安保的风险管理中，要控制安保的风险需要对风险进行评估，以采取针对性的控制措施。而评估安保的风险，首先需要对威胁进行评估，因为安保的风险来源是威胁。所以，威胁评估是航空安保宏观风险管理活动实施的前提。

二、威胁评估是一切航空安保活动的起始

虽然“威胁评估”这个明确的概念，是近年来才提出的，但实际上威胁评估这项职能在任何航空安保工作开展之初就已经开始了，只不过没有完全地被人们意识到。人们在实施航空安保这项职能时，以及采用具体的安保措施的时候，就已经对威胁进行评估了。

为什么要实施航空安保这项职能？是因为人们已经意识到特别是判断出来民用航空会受到威胁。人们为什么会产生这样的意识？是因为民用航空过去已经遭受到了各种形式的威胁。过去所发生的劫持、爆炸、攻击航空器和袭击民用机场的事件，使人们意识到这会成为一种常规的犯罪方式，对民航的威胁将是持续不断的，因此要常态地实施航空安保职能。这是人们对威胁的基本判断，显然是威胁评估的内容。

客观地说，真正的威胁还是零星发生的，并不是时时都有，但为什么全世界的航空安保系统都在天天运作，而不是只在威胁确实来临的时候实施？原因是我们无法确实地知道威胁何时会来。这种情况虽然说明了航空安保防范固有的盲目性，但并不能否定威胁评估职能的一直客观存在。只要实施了航空安保职能，威胁评估实际上就一直存在，评估和判断得准不准是另外一个问题。

三、威胁评估也是设计和制定具体安保措施的依据

采用什么样的具体安保措施，也是威胁评估的结果。民用机场、航空器内的安保措施程序，包括采用什么样的设备、什么样的人工程序、各措施之间怎样组合，都是针对具体的威胁方式的。

为什么采用人身检查的措施，因为我们判断袭击者会以旅客的身份藏匿危险物品。为什么人身检查采用金属安全门和手持金属探测器，因为我们判断袭击者一般会使用刀具、枪支或爆炸装置，这些危险物品都含有金属成分，所有这些判断，都为过去发生的实际案例所佐证，也被认为是未来会有的袭击方式。如袭击者将藏匿爆炸装置的手提行李在过站下机时，故意遗留在继续飞行的航班上的炸机事件发生后，我们会随即完善安保措施程序。

同样地道理，当有情报证明恐怖组织将采用一种新型的难以检查的爆炸物质发动袭击后，我们自然会尽快采取针对性的措施，如特殊的检查仪器、专门的人工检查程序甚至禁止旅客携带这种形态的物质等，这些做法都是以对威胁的评估和判断为依据的。

由此可见，目前采取的任何具体的安保措施，都是对威胁方式判断之后的针对性应对结果。汇集全部的威胁判断，形成了安保措施体系的整体。所以，威胁评估也是一切安保措施设计的出发点，安保措施因为威胁的存在而存在。

四、威胁评估提高安保准确性、降低盲目性

安保措施与威胁相伴而生、如影随形。不对威胁进行尽量准确的判断，航空安保只能广泛撒网、时时高度戒备，最终成为难以承受之重。威胁评估，提高了安保的准确性，降低了盲目性。由此可见，威胁评估的发展方向，肯定是判断的准确性问题。

威胁评估也好，风险管理也好，最终一切的落脚点都是“经济性”的问题，即保障安全与为其所付出的成本之间的权衡，而一切的社会行为又何尝不是如此。航空安保管理的进步和发展方向，都是以经济性为潜在目的的。威胁评估、风险管理，提高了航空安保的准确性，降低了盲目性，从而提高了安全性，也降低了成本，这是航空安保的哲学，其他都是技术性问题。

五、威胁评估与安保考察

《国际民航公约》附件 17 和国家航空安全保卫质量控制计划中，界定了安保考察的活动，将其定义为：对安保需要的评估，包括查明可被利用来进行非法干扰行为的弱点，以及关于纠正行动的建议。

考察活动一般在认为威胁增加或举办重大活动而安保风险水平增加时进行。由此可以看出，安保考察的功能不是严格的监察活动，不是符合性管理活动，其主要功能在于评估。评估的内容是当前的安保体系能否应对一定的外部威胁，从而采取与之相对应的措施调整。从这个角度看，安保考察有安保宏观风险管理一部分的味道，是与威胁评估相对应使用的活动。一方面对当前的安保体系的防范和处置能力进行评估，另一方面将其与威胁评估结果相对照和比较，确定最终风险，风险增大时要调整措施体系或采用针对性措施。

政府主管部门的安保考察活动，主要用于安保措施体系的设计。民航企业的安保考察活动，可以认为属于安保策划和管理评审的范畴。

第二节 威胁评估的内容

对威胁的判断，在具体做法上，一般包括在宏观上的判断和微观上的判断两个方面。但这两个方面并不是割裂的，而是有机联系的。

一、对威胁宏观上的判断

宏观上的判断，是指整个民航运输系统所面临的威胁状况。

从逻辑上分析，应该不存在所谓的宏观威胁形势和具体威胁两者之间的区别。威胁都是具体的，因为有具体的威胁我们才会采取安保措施予以对抗。只不过我们无法准确地判断具体的威胁是什么，通俗地说，为了保险起见，只能大范围防范。如果能够准确地预知具体的威胁是什么、何时来犯，又何必劳民伤财这么大动作呢。这也类似国家边境的防卫，与敌国相连的每一段边境都需要布防，同时根据情报判断对某些地域重点布防。情报的作用在于提高判断的精确性，“二战”中盟国与 德国双方都极力地进行情报战，就是为了更好地使用战斗力资源。在漫长的海岸线，德军都进行了布防，但也极力地判断盟军最可能的登陆攻击地点。盟军也在极力迷惑对方，使德军分散在真正的登陆地点的防御力量。

在安检中对旅客的普遍性检查也是这个道理。之所以对每个旅客一个不漏地进行安全检查，本质上还是我们无法预知或准确判断哪个旅客是真正的袭击者。但可以肯定的是，不是每个旅客都是袭击者，袭击者只是极少数。

对威胁宏观上的判断，需要评估两个维度。

对安保考察这样的引进词语还应该斟酌，航空安保的概念和实际管理活动应形成自洽的体系。例如，对于安保考察，如果翻译为“安保能力评估”可能更为恰当，也利于理解。

同时，将威胁水平与安保能力，同考虑的风险程度的评估，可以称为“安保风险评估”，显然，安保风险评估的结果，是调整具体安保措施或提升安保等级的依据。

（一）威胁后果的严重性

威胁后果的严重性，是指威胁确实发生了并成功后，其所造成的损害程度。例如，评估某一个恐怖组织即将发动的袭击，我们判断他们的袭击方式是自身式炸毁航空器，那么后果的严重性就是航空器的损毁和大量的人员伤亡。显然，后果是非常严重的，需要高度重视。也可能我们判断对方的袭击方式是攻击民用机场，但根据对方的武器装备的有限性，不会造成重大伤亡，其后果并不是很严重。

在无法准确判断袭击方式的情况下，人们一般会倾向于考虑最严重的后果。

（二）威胁发生的可能性

威胁发生的可能性，是指威胁确实发动和来临的概率。对威胁强度的判断，需要同时考虑其后果严重性和发生可能性两个方面才有意义。再严重的后果，如果在客观上真实能够发生的概率极小，是杞人忧天；而对可能性很大的威胁视而不见，显然是盲目乐观。

威胁的发生，是不以我们的意志为转移的，航空安保系统对威胁进行评估，目的是采取针对性措施。因此，威胁评估本质上是我们的主观判断，并不是威胁本身真实的情况，我们的判断有可能贴近于真实，也可能与事实相去甚远。

对威胁发生的可能性判断，是威胁评估的核心和难点所在。对威胁的特定后果，一般人们凭借既往经验能够进行基本正确的判断，但威胁发生可能性的判断则是复杂的技术性难题。所以，威胁评估的方法，集中于威胁发生的可能性判断方面。

（三）威胁强度评估的最终结果

在分别获得了威胁后果的严重性和威胁发生的可能性两个独立判断结果后，将它们一并考虑，形成最终的对威胁强度或等级的判断。对威胁强度判断后，采取相应的安保措施等级予以应对。

需要注意的是，威胁评估时应只考虑威胁本身，而不应考虑民航自身防范能力。考虑自身防范能力是总体风险管理的范畴，总体风险评估时再同时考虑威胁和自身防范能力两个独立因素，考虑威胁时又同时考虑自身防范能力会造成混乱。

对威胁强度的宏观判断后，所采取分级应对措施的范围较为宽泛，客观上还是存在一定的盲目性。因此，应对威胁在微观上进行分析。

二、对威胁微观上的判断

大面积、大范围的安保措施等级提高，是宏观上的做法。但其本质上还是缺乏对威胁在微观上的具体判断，毕竟威胁是个案，不可能同时在众多机场、航班上长时间持续发生。

对威胁在微观上的判断，一般应包括威胁的具体方式、具体的对象、威胁的时间等几个主要方面。

（1）威胁的具体方式，是指攻击破坏的方法，如是劫持、爆炸还是纵火，是使用刀具还是枪支或爆炸物。若判断威胁的方式是液体炸药，显然安保系统会特别关注液体物品的检查。

（2）威胁的对象，是指攻击破坏的部位、目标或地点，如所要攻击的民用机场或航班是哪一个。显然，对具体威胁对象目标的准确判断，能够提高防范的针对性，又避免其他无关民航单位的兴师动众。

（3）威胁的时间，是指攻击破坏确实发起的时间点。确定威胁时间点的好处，显然也是节约安保资源。

从科学的角度看，恐怖组织的资源是有限的，社会上个体的袭击者也是少数，而一旦发起袭击，袭击者的命运可以比喻为飞蛾扑火，要么成功，要么在与航空安保系统的接触中被抓获，袭击不可能是无限和持续不断的。所以，在理论上是可以实现针对性、局部性、短时间的应对机制的，但之所以一般情况下无法做到，还是因为对威胁在微观上判断的乏力。在某些情况下能够做到这一点，是基于准确的人工情报，但这并不是常态。

三、威胁评估与安保风险分析的内在机理

威胁评估是与安保的风险分析联系在一起的。威胁是安保的风险来源，威胁与安保自身防范能力的碰撞，决定了安保所面临的风险水平。当我们判断风险水平增加了或风险不可接受时，通过提高安保能力来控制、保持或降低安保风险水平。

威胁评估与安保风险判断存在内在的有机联系，科学地对其进行分析，有利于深入理解航空安保管理中许多管理行为的意义，也会促进航空安保管理工具的开发使用。

安保风险评估的核心点，应是威胁强度与安保措施能力的合成计算。

安保措施的设计合理性，能够解决措施体系的结构性问题，安保措施总体框架由政府制定，操作性细节流程标准由企业制定。而安保措施的执行品质，则由综合企业管理系统中的检查、测试、事件调查、风险管理、培训等管理行为来保证。

第三节　威胁评估的方法

威胁评估的方法，是极其复杂的技术性难题。在航空安保实践中，无论是对当前威胁等级的宏观分析，还是对收到的炸弹恐怖威胁信息的具体个案判断，目前都还没有形成切实有效的技术性方法。面对威胁评估这样一个复杂高深的知识体系，笔者在此仅提出一些关于威胁评估方法的思考和建议。

一、重在寻求威胁活动的客观规律

威胁评估，本质上是对敌方现实活动的猜测或未来活动的预判。我们之所以认为能够对其进行判断，实际上存在一个潜在的前提，就是威胁活动是有规律的。事实上，任何社会活动都具有不同程度的规律性，任何活动的实施也都需要具备一定的条件。

进行威胁评估活动，首先要找到或尽量去寻找威胁活动的普遍性规律，否则威胁评估活动就是自娱自乐的主观臆测，且无法形成统一的评判标准。纵观包括军事情报在内的各种判断活动，其成功都是建立在对军事活动和社会行为的规律性把握上。

民国时期军事家蒋百里的一则故事很能说明这个问题。据记载，1932 年 2 月的一天，适逢“一·二八”事变日本进攻上海，蒋百里在上海法租界的一家咖啡厅喝茶，手持一张《每日新闻》在读。其间，他对旁边的友人说：6 天以后，即 7 日早晨，日军要有一个师团到达上海。友人疑惑他怎么得知，他并无内部消息或其他特殊途径。蒋百里指着报纸上的一条电讯，那简短的电讯说日本陆军大臣杉山元昨天晋谒了天皇。7 日早上，日军的第九师团果然到了上海，他参加了作战。

依照一条寻常新闻，推断日本即将出兵，不能说不神奇。然仔细分析发现，关键在于蒋百里先生掌握了日本战时行政体制、军队后勤补给、运输交通能力等规律。对这种规律性的认识，既需要常识，还要深入分析归纳。

而有时情报结论的错误，也是因为对规律性把握的失误。“二战”期间，原本高效出色的苏军总参情报局“格鲁乌”错误地判断了德军进攻苏联的时间，从而错过了备战的大好时机。早在 1940 年 12 月，格鲁乌就已经获得了代号为“巴巴罗萨”的德军入侵计划的很多情报，但却认为德军还没有做好开战的准备。而就在上报这个结论之后的 10 小时，德军就向苏联发动了大举进攻。

格鲁乌认为，德军要想大规模进攻苏联，必须要准备大量的羊皮袄、耐低温的擦枪油和燃油等应对严寒的军备物资。据此，格鲁乌开展了严密的情报工作，时刻监测欧洲的羊肉价格、德军的羊皮袄库存量，甚至将德军使用过的擦枪布、煤油灯、打火机偷运回来化验配方的变化，直到战争爆发，没有一丝迹象表明德军做好了抵御严寒的准备。

格鲁乌的失误，在于对德军进攻苏联战争规律性认识的偏差。他们认为，德军进攻苏联必须要应对严寒，所以要准备相应的军需物资。但事实上，希特勒在西线战场全新闪电战法的胜利，使其根本没打算将对苏战争拖入冬季。

寻求威胁的客观规律，用情报学的术语来讲，就是“建立假设”。建立假设是评估体系的开端，当然，如上面两个情报判断的案例，假设的正确性决定了最终判断的准确性。

二、正确理解情报信息的作用

情报信息，是证据。

获得威胁评估的结论，需要两个方面的条件：一是上述所谓对威胁活动的规律性认识或“假设”；二是能够证明威胁活动各个环节的证据。这些证据就是我们通常所说的情报信息。

人们一般会更强调情报信息的作用，而忽视了对规律性的认识或建立假设。情报信息就如同刑事案件中的证据，如证人证言、口供、指纹、DNA 等，它用以证明某个具体事实的存在，但只有被证明的多个事实串接起来构成了一个符合普遍性认识的链条，案件结论才能被证明。同样，如同证据要被判明真伪一样，情报信息也需要甄别。

在上述蒋百里的案例中，报纸上的一则消息就是情报信息，它是证明日军启动了从本国出兵上海的第一个步骤的证据。对于这样重要的证据，如果没有对日军活动规律的认识，在常人眼中它只不过是一则不起眼的外事消息而已。同样，格鲁乌对欧洲羊肉价格的观察监测、对擦枪油纸的化验结果这些情报信息，也是用以证明德军准备抵御严寒战略物资的证据。但遗憾的是，再准确精密的情报信息，因为对德军发动进攻的规律性认识错误，都成了无本之木。

寻找威胁活动的客观规律和获取情报信息是相辅相成的两个方面。没有情报信息作为证据支持，无法形成具体的判断结论。没有对威胁活动规律性的把握，情报信息也成为无源之水，不知何用。发现了威胁活动的规律，也有利于提高情报信息收集的针对性，即在哪些方面或领域去收集情报信息。

三、换位思考的思维方式

准确的威胁评估，在我们的思维方式上，应换位思考，即以威胁者的角度看待问题。毕竟威胁是由威胁者发起实施的，其会按照自身的角度行事以达到目的。

换位思考，能够帮助我们更好地去把握威胁活动的规律，知道去收集哪些情报信息。例如，为什么我们通常会在重大活动或节日期间加强防范，因为从袭击者的角度看，在重大活动期间发动袭击会造成更大的政治影响，能够更好地达到其组织的政治目的。

第四章　人为因素与航空安全管理

航空安全的人为因素中，人指航空运输参与者，主要包括机组人员、维修人员、空管人员、机场工作人员等。由于人为差错和工作失误等人为原因，影响到航空安全，导致航空事故或航空灾害发生的致灾因素为航空安全的人为因素。

人是航空安全中最积极、最活跃、最主动的影响因素。机组成员对飞行安全起着决定性作用，处在核心位置；与飞机运行安全相关的其他人员主要指空中乘务员、航空安全员、工程机务人员、商务人员、各类保障人员和各级管理人员。导致航空灾害的关键人员是机组人员，其他人为因素则是通过飞机及相关设备、飞行环境而发生作用。

中国民用航空局对1949—1999年发生的二等和重大以上的事故统计分析显示，人为因素约占88%，其中约65%的直接责任者是飞行员或机组成员。据统计，20世纪50年代到90年代，世界民航事故中的人为因素由早期占40%逐年增加到80%以上。其中发生有人员死亡的飞行事故原因统计中，飞行员原因占65%左右。国内外研究表明，人为差错的发生不仅取决于人本身，整个航空安全生产体系都存在导致人为差错的可能。航空业的飞速发展，先进航空技术及运行管理系统的广泛应用，不断诱发新的人为差错，成为航空灾害最主要的致灾因素。

第一节　机组人员致灾因素

由国际民航飞行事故统计数据可知，1959—1990年，由于机组行为失误造成的飞机失事占事故总数的70%~77%。中国民用航空局的统计数据表明，我国90年代机组直接责任事故占事故总数的52.2%；由中国民航对1990—1994年发生的29起运输飞行事故原因的分析可知，人为因素占事故总数的89%，其中机组行为失误的因素达到57.7%，主要表现在机组操纵不当（18.8%）、机组违反飞行程序和规章（11.8%）、机组成员配合不好（11.8%）、机组判断错误（5.9%）等方面。

民航系统人员认为近年来造成我国民航事故的机组因素中，居首位的是机组操纵不当，其次是机组违章驾驶，最后是机组判断失误。其他依次为机长技术能力不强、机组配合失调、机长心理素质欠佳、复飞决断不及时和机组不能正确使用设备等。

由此可见，调查结果与实际情况比较接近，表明民航系统人员对机组人为失误的致灾因素有比较深刻的认识。然而，国内外对民航领域人为失误的研究，多集中在对飞行员个体行为的研究，而对机组群体行为失误很少关注。人的外部行为表现受其内在心理的支配和控制，机组人员的行为也不例外。机组行为失误大多是属于心理性质的，往往是人、机、环境因素相互作用的结果。因此，不仅要对民航机组个体行为失误的内因和外因进行分析，还要分析机组管理不善对群体行为失误的影响，从而有针对性地采取相应的管理对策。

机组是一个在空中飞行的非常特殊的工作群体，机组管理相对独立于航空组织的管理，故将机组管理因素放在本节进行综合分析。

一、机组个体行为

20世纪80年代，高科技的飞速发展使现代飞机设计日臻完善，机械故障减少，但飞行高度、速度、巡航时间的增加，以及显示系统、操作系统的高度自动化，使飞行员的生理、心理负担增大。对飞行失事的调查统计显示，飞行员正逐渐成为飞行安全环路中的重要限制因素。机组人员的个体心理是群体行为的形成基础，其社会心理品质、感知过程、动机、情绪、气质、性格、能力和生理状况等都与机组行为差错有着内在的联系。

（一）社会心理品质与行为失误

社会心理品质涉及价值观、社会态度、道德感、责任感等，直接影响机组行为表现，与飞行安全密切相关。在飞行环境中，大多数机组人员具有良好的社会心理品质，对人民的生命财产负责，注重飞行安全，遵守飞行规则，较少出现行为失误。但少数机组成员社会心理品质不良，缺乏社会责任感，漠视飞行规则，以自我为中心处理与他人的关系，行为轻率，容易出现失误。

（二）感知过程与行为失误

飞行员行为失误涉及感知错误、判断错误、动作错误等，是造成飞行事故的直接原因。感知错误的原因主要是心理准备不足、情绪过度紧张或麻痹、知觉水平低、反应迟钝、注意力分散和记忆力差等。感知错误、经验缺乏和应变能力差，往往导致判断错误，而感知错误、判断错误会导致操纵错误。在特定的飞行阶段，随着工作负荷加重，飞行员的感知过程也发生一系列变化。

注意是一种始终伴随认知过程的心理状态，它好像一种过滤器，具有选择性和集中性，使人有选择地输入信息，并将注意的焦点聚集在所要输入、加工、提取和输出的信息上。然而，人在同一时刻加工信息的能力有限，如果输入信息量过大，人的思维就会处于混沌状态；若再加上信息质量不高或受到客观条件干扰，注意的集中性就会受到破坏。在特定的飞行阶段，由于信息量激增，注意容量有限，使飞行员在高负荷的工作条件下注意力的分配和转移产生困难，注意范围狭窄以及受到无关刺激的干扰，使信息量超出了飞行员的注意容量。显然，处在这样的状态下，人的认知过程便会受到破坏。注意力过于集中于某一方面而忽视其他方面所诱发的飞行员错误，也是导致飞行事故的重要原因。

高负荷工作会使飞行员产生紧张和焦虑情绪，这会给飞行员的正常操作带来一定困难。当具有突发性、意外性、复杂性、紧迫性和危险性的应急情况出现时，不仅会增大飞行员的工作负荷，更会增大他们的心理负荷。此时，飞行员的精神往往会过于紧张，情绪会变得极不稳定。一旦应急情况超出驾驶员的应对能力，飞行员的工作能力会急剧下降，通常表现为感知能力下降，注意范围缩小，出现不应有的遗漏现象，如找不到常用的仪表或电门开关，甚至不知道看什么或对要执行的操作“视而不见”。思维能力、记忆力下降，主要表现为综合接收各种信息的能力下降，误判率明显增高，操纵动作出现遗漏；动作反应迟缓，操纵动作失误，如本该收襟翼而将起落架收起；常出现不假思索的冲动性动作，动作的可靠性大为降低，甚至出现行为倒退现象等，这些现象对飞行安全造成了极大的威胁。

（三）动机与行为失误

动机是决定机组人员是否追求安全目标的动力源泉。有时，安全动机会与其他动机产生冲突。当主导动机是安全动机时，会驱使机组把安全放在第一位，避免违章行为；而当其他动机占优势时，就可能导致忽视安全飞行。例如，飞行员可能会出于强烈的自我表现动机，通过超速或强行降落等冒险举动，表现自己超群的技术和本领，炫耀自己的能力。机组成员的动机存在个别差异，而各种动机的冲突是造成人际失调和配合不当的内在原因。出于某种动机，机组成员可能产生畏惧心理、逆反心理或依赖心理。畏惧心理表现为机组成员技能水平低，缺乏自信，胆怯怕事，遇到紧急情况手足无措。逆反心理是由自我表现的动机、嫉妒心导致的抵触心态或行为方式对立。依赖心理是由于对机组其他成员的期望值过高而产生。这些心理障碍影响机组成员的配合，极易造成机组行为失误。

（四）情绪与行为失误

情绪是人对客观事物是否满足自身需要的态度的反映，对于能满足自身需要的事物，就会引起积极的情绪；反之，就会引起消极的情绪。同时，情绪具有感染力，每个成员的情绪对机组群体气氛都有影响。在良好的氛围下，机组人员感知敏锐，判断准确，操纵得当；而在不良的氛围下，就可能使机组人员情绪低落，容易产生违章行为。此外，在特殊情况下由于情绪过度紧张使大脑神经兴奋或抑制，系统失调，注意力突然中断，表现出知觉的狭窄和行为的死板倾向，造成正常动作程序发生“短路”错误，决策或操纵行为失误，最终导致飞行事故。过分自信、骄傲自大的情绪是飞行安全的陷阱，国外的经验是拿到执照300~500飞行小时的飞行员，最易产生过分自信情绪，失事也较多。稳定的安全飞行状态会使驾驶员产生麻痹情绪，形成一种满不在乎的心态，一旦出现特殊情况就可能惊慌失措，导致判断和操纵行为失误。另外，情绪上的长期压力和适应障碍，也会使心理疲劳频繁出现而导致失误。

（五）个性心理特征与行为失误

个性心理特征主要包括气质、性格和能力。飞行员的个性心理特征对机组行为失误有明显的影响，是决定机组整体表现的重要因素。

1. 气质

按照希波克拉特的“体液说”，气质可分为多血质、胆汁质、黏液质和抑郁质。

（1）多血质型的人，热情活泼，反应灵敏，善于人际交往，明显外倾，兴趣广泛，但情绪不够稳定，注意力容易转移。这种类型的飞行员在有变化的飞行条件下表现良好，但在工作单调乏味时情绪不稳定，长途飞行时，甚至容易打瞌睡。

（2）胆汁质型的人精力充沛，情绪冲动而难以克制，反应速度快，明显外倾，但工作缺乏条理性。这种类型的飞行员，固执己见，脾气急躁，态度直率，语言动作快，情绪冲动时难以克制；但通过安全教育和监督管理，可以使之成为不错的飞行员。

（3）黏液质型的人安静沉着，行动迟缓，情绪平和，不外露，自制力强，不善于交际。这种类型的飞行员能遵守飞行规则，很少违章，担任长途飞行任务时耐力强，能出色完成任务；但遇到特殊情况时反应慢，应变能力较差。

（4）抑郁质型的人敏感、多疑，感情脆弱，反应速度慢，感受性强，情绪体验深刻，严重内倾，这种类型的人不适合从事飞行工作。

民航学院在选拔飞行学员时，会进行心理测试，有严重气质缺陷的人会被拒之门外。然而，多数人是某两种气质类型的中间型或混合型。每一种类型都兼有积极和消极的特点，而且由于考生在做心理测试时会掩饰自己的气质缺陷，使测试的信度和效度受到影响，因此存在潜在的安全隐患。

2. 性格

根据卡特尔的性格因素理论，乐群性、情绪激动性、有恒性、独立性和自律性因素低分者的行为特征，会对安全飞行产生不利影响。如情绪激动性低分者的特征是情绪易激动，难以应付现实中的挫折，易受环境影响而动摇。这类人常感烦恼不安，身心疲乏，甚至失眠等。幻想性、忧虑性和紧张性因素高分者会对安全驾驶产生负面效应。如忧虑性因素高分者的特征是忧虑烦恼，常觉人生黯淡渺茫，患得患失，缺乏自信，一旦遇到险情便会惊慌失措。

3. 能力

一个优秀的飞行员应该具备熟练的驾驶技术、丰富的专业知识和卓越的判断能力。熟练的驾驶技术是指熟练掌握飞机的驾驶技巧及机上设备的使用，这在训练中必须达到。理论考核成绩优异的驾驶员仍然会在事故中丧生，原因在于知识只有在正确地使用时才有价值。飞行员的学习过程实际上包括熟练地掌握驾驶技巧和正确决策能力的培养，而具有卓越的判断能力才能产生正确的决策。在民航事故中，大约 2/3 的事故与机组有关，而其中 50% 与飞行员的错误决策或错误判断有关。飞行员在空中最重要的任务就是综合分析各种情况，适时做出正确决策。飞行员都受过严格的训练，实际上很少有人不知道如何操纵飞行，例如飞行员都知道着陆前如何放起落架，但相关事故及征候却时有发生。由此看来，飞行员决策能力差是导致行为失误的关键。

作为机组的核心人物，机长必须具备驾驶能力、组织能力、决策能力、沟通能力和应变能力，而驾驶能力主要受素质、知识、技能以及实践活动的影响。

阿联酋航空公司一架客机在空中发生客舱冒烟的情况，飞机紧急降落后，机长一意孤行，拒绝听取机组其他成员和 ATC 的建议，没有执行“旅客紧急撤离”程序，失去了扭转局面的良机，导致客舱门一打开，氧气助燃使明火浓烟四起，造成旅客伤亡和飞机损坏的严重事故。机长缺乏航空知识和经验，驾驶能力、应变能力和协作能力低下，性格偏执，刚愎自用，未能发挥机组的集体智慧，是导致这起空难的主要人为因素。因此，在培养机组成员良好的个性心理特征的同时，需考虑成员不同个性特征的合理匹配与互补，创造良好的机组群体绩效。

（六）生理状况与行为失误

飞行员的生理状况也是致灾因素之一，受疲劳、健康状况、饮酒及药物等因素的影响。

1. 疲劳

疲劳是严重威胁飞行活动的隐患之一，据 1988 年美国航空航天局航空安全委员会报道，在已公布的飞行事故中，约有 21% 的事故与疲劳有关。导致疲劳的主要因素是缺乏睡眠和昼夜节律混乱。由于航班跨时区飞行和轮班制作业，飞行员的体内环境与外部环境的同步活动被打破，表现出昼夜生物节律混乱。飞行员休息时不能很快入睡，睡眠质量差，导致疲劳的加剧。而睡眠缺乏和疲劳积累又反过来加重昼夜生物节律的混乱，在高度紧张的工作环境中，或在从事仪表监视等单调无聊的工作中，飞行员会感到脑力疲劳，警觉性和注意力严重下降，造成思维迟钝和操作缓慢。

2. 健康状况

一般来说，飞行员的身体素质较好，并进行定期的身体检查，但长期的超负荷工作，会导致健康状况出现一些小问题，如感冒、胃溃疡、失眠等困扰着他们。此外，其他生理不适也可能造成不良的后果。

1989 年 2 月 8 日，美国独立航空公司一架波音 737 飞机在强湍流和云中撞山坠毁，机上 137 名乘客和 7 名机组人员死亡。经过事故调查发现，除了塔台管制员的错误，主要原因是机组没有遵守规定的操纵程序而造成一系列人为差错。机长飞行经验丰富，但因他的脚刚做过矫形手术，尚未完全康复，出事一周前曾发生过因脚不舒服而不能用脚蹬方向舵的情况，这难免会影响正常操纵飞机。航空公司的资料表明，飞行员对近地报警系统发出警报的平均反应时间是 5.4 秒，然而当时近地报警系统发出警报持续了 7 秒钟，机长却未采取任何紧急措施，脚伤是难以排除的失误原因。

3. 饮酒

虽然酒后飞行是绝对禁止的，但由于飞行员高风险的工作性质，个别飞行员产生了“今朝有酒今朝醉”的思想，有时会忍不住饮酒。尽管有的飞行员能克制自己不在飞行前饮酒，但由于休息时饮酒过量而导致酒精慢性中毒，也会对其意识状态产生消极影响。

4. 药物

有些药物存在潜在的副作用，会导致飞行员意识不清、头昏脑涨或嗜睡等，对飞行安全威胁极大。

在 1989 年美国独立航空公司波音 737 飞机撞山坠毁的案例中，副驾驶是重要的责任人。副驾驶员被雇用才几个月，此前不久曾经历了母亲去世和个人破产的伤心事，并且经常受到过敏的困扰，靠服用抗组胺剂自我治疗。事故调查结论证实，机组在 23 分钟的通信中，共建立、延迟和打断通信联系 49 次；副驾驶在高频和甚高频通信中共发送 17 份电报，但因语言错误或未使用标准航空用语，重复了其中 8 份电报，其不合常理的频繁差错，很可能与其服用有抑制作用的药物有关。由于副驾驶通信技术差、精力不集中，导致无线电通信多次失误，没能及时发现高度表调定值错误，导致机组秩序混乱，最终造成机毁人亡。

此外，生物节律理论认为人的身心状况取决于体力曲线、智力曲线和情绪曲线。有关研究表明：当飞行员的体力曲线处于低潮时，其精力不济；当人的智力曲线处于低潮时，记忆能力、判断能力和分析能力会下降；当人的情绪曲线处于临界状态时，情绪波动大，自制力下降，容易导致工作失误。但这一方面的实证研究尚有待于深入探索。

无论飞机的自动化程序有多高级，飞行员始终是航空系统中最有价值、最主要的因素。由于人类自身的局限性，飞行员是易变化的、不可靠的因素。人的易变性决定人有犯错误的倾向。飞行员应充分利用一切可获得的资源（人、设备和信息），认识到自身缺陷并加以弥补，处理好人—人关系，使机组团队的工作效率高于个人行动总和，通过预防或管理机组人员的差错来改善安全状况，从而把发生差错的可能性降到最低。

二、机组群体行为因素

在人的因素研究中，航空安全专家曾提出飞机驾驶舱环境的4个界面，即SHEL模型。其中S代表软件，H代表硬件，E代表环境，L代表人。L-L界面，即人—人界面，就是指人际关系、机组人员交流和座舱内任务分配等人的因素。人—人界面是飞机座舱环境4个界面中最薄弱的环节。航空飞行要求多工种协同操作，因而飞行组和乘务组之间、各机组成员之间必须具有高度的协调性，这使得群体心理的作用十分突出。机组群体心理的影响主要表现在群体意志影响成员的行为。

（一）从众行为的影响

个体在群体中，往往不知不觉地受到无形的影响，表现出与群体内多数人的感知、判断和行为相一致的现象，即从众行为。在一个遵纪守法的机组中，个别倾向冒险的人会在群体的压力下注重飞行安全；如果在一个漠视安全的机组里，少数平时遵守规章制度的人也会顺从群体的违章行为。机组成员在彼此相互影响下，会发生一种认同效应或同化现象，个体差异会明显缩小。

（二）群体规范作用的影响

群体规范作用的强弱取决于群体意识的强弱。在安全意识较强的机组里，成员大多能保持安全的操作行为；相反，在安全意识薄弱的机组里，成员为了抢时省力或自我表现，往往做出不安全行为而导致失误。机组群体规范行为可以满足成员个体的心理需要、增加勇气和信心，有助于消除单调和疲劳，激发工作动机，提高工作效率，产生社会助长作用；反之，则产生社会抑制作用。

（三）人际关系的影响

大量的飞行事故调查表明，现代飞行失事，尤其是自动化座舱的飞行事故，多由座舱秩序混乱、缺乏正确的领导机制和集体决策失误导致，这暴露了机组人员的人际关系问题。机长和机组成员之间、机组成员之间的关系失调，会直接影响机长领导和指挥的有效性，影响机组成员的同心协力和密切配合，影响个人工作能力的发挥与机组整体效率。当机长指挥不力，而机组人员的参与意识差时，飞行事故在所难免。

（四）群体沟通的影响

机组的群体沟通渠道不畅，沟通不及时或效果差，是导致航空灾害的重要因素之一。若不能让每名机组人员都感受到自己的价值和责任，缺乏良好的沟通机制和气氛，就无法使他们积极收听、反馈以及及时表达自己的观点，自觉提供所掌握的重要信息。例如，副驾驶在对机长的行为有疑问时，怕自己提醒出错而不提醒；双机长飞行时，双方都认为对方该知道的都知道而不进行交流；信息沟通的过程中产生误解却未及时发现或纠正。这些都是十分有害的。

三、机组管理因素

机组群体行为失误的成因错综复杂，但其共性是由于人的机能不确定性与飞机或航空环境等因素相互作用而产生的。民航机组的群体规范、分工协作、人际关系和信息沟通等群体行为，直接影响机组整体功能的发挥。以下主要分析机组管理不善对群体行为失误的影响。

（一）职责不清，管理低效

现代民航业的机组管理，已从机长命令成员服从的阶段，转变为机组自觉执行飞行手册的规定、机长分权给其他成员的机组密切协作阶段。然而，我国航空公司存在机组分工不明、职责不清的现象。如主控飞行员将操纵飞机、通信工作独揽一身，旁人无法判断其操纵是否符合航管意图，发生错误的可能性将大大增加；对某些紧急情况没有明确预案，以致无人监控飞机状态，不能及时发现参数超限和事故征兆，从而不能进行有效的事前控制。

我国民航一架伊尔 -14 在一次机场训练着陆时，副驾驶忘记放下起落架，机长和机械员都未注意，报务员去后舱休息听到警告喇叭响，也没有意识到失误。当地面发出“复飞”指令时，机组误以为是因为跑道上有人。机长看清跑道上无人，依然决定着陆。结果直到螺旋桨触地，才发觉未放下起落架，但为时已晚。这一教训说明，机组人员缺乏强烈的责任感，把训练当成走形式，麻痹大意，是导致机组行为失误的直接原因；而机长疏于管理，机组责任分散，彼此缺乏监督，是导致机组行为失误的间接原因。要发挥机长的核心作用，关键在于培养和强化机长的组织管理能力，明确各机组成员的岗位职责，合理分工、授权与监控，从而预防和减少群体行为失误。

（二）配合不良，人际失调

在飞行过程中，机组成员团结协作、配合默契，就会产生“1+1 ＞ 2”的效应；反之，机组成员各行其是，互不协作，就可能导致群体行为失误，甚至酿成飞行事故。

1994 年 8 月 10 日，韩国大韩航空公司的一架 A300 客机在济州岛准备降落时遇大雨，加拿大籍的机长要着陆，韩国籍副驾驶要复飞，两人争执不下导致动作不协调，且没有采取减速措施，飞机高速接地后冲出跑道，撞上防护栏起火烧毁。由于机组成员之间发生认识上的冲突而导致配合不佳、决策失误和操纵不当，导致了这起典型事故。要从根本上解决问题，应当建设安全文化，形成全员安全意识；强化驾驶舱资源管理，协调机组的人—机—环境关系；开展机组配合训练，如敏感性训练、组队训练等，促进机组团队建设。

（三）检查不力，防错不当

机组资源管理（CRM）强调机组成员作为一个整体进行工作，它能保证机组不会因个人失误而导致整体出差错。例如，除非是主控飞机的飞行员、非主控飞机的飞行员、空中交通管制员、近地警告系统这几个独立的安全系统同时失效，否则是不会发生飞行员操纵飞机撞地事件的。交叉检查是检查主体充分利用尽可能的判断手段，对检查客体进行证实性核查，力求找出不妥之处，及时加以弥补，以确保飞机安全运行。假如飞行员个人飞错高度的可能性为 1/500，若副驾驶参与交叉检查，则同类错误率可降为 1/250000；如若驾驶舱内的观察员亦加入这种检查程序，经三人共同“过滤”，错误发生率将下降到 1/125000000。然而在飞行中，由于防错不当、交叉检查不力而导致机组失误时有发生。例如，副驾驶输入 MC 数据出错，机长没有进行交叉检查，特别是航路数据临时有变时，若按原有航路飞行，后果是非常危险的；检查单落实不到位，主控飞行员与非主控飞行员之间没有落实“要求 / 响应”程序，若出现人为差错就无法挽回。

（四）培训不足，知识匮乏

随着自动化程度的提高，机组功能已从操作型转变为管理型，知识和信息对航空安全的作用越来越重要。在简单的重复性操作中人犯错误的概率为 1/100~1/1000；但经过学习和训练，错误率可下降到 1/1000~1/10000。也就是说，人为失误是不可避免的，但能通过学习或训练得到控制而减少。然而，由于对机组人员的在职培训不到位，导致原有的知识和技能难以适应工作的需要。

1994 年 4 月 26 日，中国台湾中华航空公司的一架客机在名古屋机场准备着陆时，飞行人员发生感知和判断错误，误用了“起飞程序”使发动机功率猛增，飞机自动上升。由于缺乏相关的知识，依然机械刻板地按“着陆程序”使用自动驾驶仪，导致飞机失速坠地。在发生误操纵的情况下，假如飞行人员知识丰富，积极采用应变措施，是完全可能避免灾难发生的。

此外，经验对飞行安全也是至关重要的。1994 年 1 月 7 日，美国联合捷运航空公司一架喷气式飞机，在向哥伦布港机场着陆时撞在附近的建筑物上失事。事故原因是机长和副驾驶都缺乏驾驶这种机型的经验，对该机型的驾驶舱仪表及自动驾驶仪了解不够，对飞机失速报警反应缓慢且操纵失误。针对上述问题，短期对策是飞行组成员改飞机型前必须接受严格的知识技能培训和考核，规定副驾驶由经验丰富的飞行员带飞若干小时后才能正式上岗，副驾驶具备某机型的飞行经验后才能转为机长。长期对策是优化机组人员结构，进行持续性的岗位培训和心理训练，提高机组人员的业务和心理素质。

（五）信息失真，沟通不畅

群体沟通的障碍主要表现在语义的障碍、知识经验的局限性、需要和动机等心理因素的影响、知觉的选择性等方面。譬如，民航用英语通话是同国际接轨的有效步骤，但英语有一词多义和不同单词读音相同的情况，存在着造成误解的可能性。20 世纪 90 年代初，国外一架波音 747 飞机，因飞行员将“Descent two four zero zero”误认为“Descent to four zero zero”，导致毁灭性的空难。飞行组和乘务组之间缺乏沟通、了解和尊重，也可能导致飞行事故的发生。国外一架双发喷气客机进入夜间巡航阶段不久，飞行组突然感到飞机抖动并闻到烟味。飞行组认为右发动机提供驾驶舱的空气，而且它曾发生过故障，于是在慌乱中错误地判定右发动机出现故障，关掉右发动机并广播通知乘客。然而，客舱中的乘务组和乘客却清楚地看到左发动机在冒烟喷火。因飞行组通告后不要求乘务组反馈，而乘务组发现异常后未主动与飞行组沟通，使飞行组没能纠正失误并重新启动右发动机，结果导致机毁人亡。因此，消除信息沟通中发信、编码、传输、译码、接收及反馈各环节的障碍，减少信息失真或失效，将单向沟通改为双向沟通，是达到有效的群体沟通的基本途径。

航空飞行是一项复杂的系统工程，来自 150 多个工种的信息流源源不断地流向驾驶舱，只有发挥机组的全体力量，明确分工，密切合作，才能全面地处理纷繁复杂的信息并转化为合理的行动。针对当前我国民航机组管理的问题，关键在于建立民航灾害预警系统，构建一种能对同质性民航事故具有免疫功能，并能预防和矫正各种民航交通灾害现象的“自组织”机制。对机组行为进行全过程监测与信息处理，并运用机组因素预警指标对监测信息进行识别、诊断和预控，从而有效地预防和矫正机组行为失误。

第二节　维修人员致灾因素

机组是决定航空安全的一项最重要的因素，但维修人员对航空安全的影响作用也不容忽视。如果机务维修人员的整体素质好，能够及时发现问题，并能给予快速、高质量的维修，就能给飞行人员提供适航、安全、可靠的飞机。否则，会提高机械故障发生的概率，增加飞行人员的压力，加大机组出错的可能性，甚至会酿成飞行事故。

统计表明，因机械机务原因造成的飞行事故在事故总数中占有很大的比例。根据国际民航组织的统计，1980—1991 年，全世界因维修和检查不当造成的空难事故有 47 起，占同期事故总数的 12%。迄今为止，业已查明的 13 种事故原因中，维修失误仅次于不按程序飞行和起降造成的事故，居第二位。尽管近年来，由机械机务原因造成的飞行事故在减少，但维修中的人为差错仍是重要的致灾因素。

有关数据表明，20%~30% 的空中停车、50% 的航班延误或取消是由维修差错引起的。由维修引起的事故犹如一座大海中的冰山，能看见的是浮在海面的冰山的一小部分，是少数由维修差错引起的航空事件，而多数由维修差错引起的事件则沉在水下。维修差错会造成重大的不安全事件，如空中停车、地面返回、空中返航，还会造成一些常见事件，如未通过功能验收而造成的返修，后者虽然因造成的损失不大常被忽视，但实际上形成了安全隐患。分析在维修中人为致灾因素的成因，对预防航空灾害是非常有益的。

一、飞机维修人为差错的一般规律

（一）飞机维修人为差错的必然性

飞机维修人为差错产生的必然性，可以用“墨菲定律”来说明。“墨菲定律”的主要内容是：人们做某一件事情，如果存在一种错误的做法，迟早必然会有人按照这种做法去做。

飞机维修人为差错的产生是必然的，关键要对事故、设备和环境进行分析，深入研究其与人的生理、心理及行为之间的相互关系，从而找出预防事故、减少甚至避免人为差错的办法。

（二）飞机维修人为差错的规律性

飞机维修人为差错是有一定规律的。从广义上来讲，人为差错“峰值”往往易发生在任何维修工作或某一个维修活动的“两端点”和“边界线”上，大致呈“浴盆曲线”分布状。

由此可知，若把飞机维修工作整体视为由若干个飞机维修活动所构成的话，人为差错易发生在这些若干个飞机维修活动的联结点上。从微观上看，人为差错易发生在每两个小工作的“环节联结点”上，如一项具体维修工作的开始与完工阶段、一个排故工作的开始与完工阶段、一道工序的开始与完工阶段、一天工作的开始与完工阶段等都可称为“环节联结点”。在“工作开始阶段”和“工作结束阶段”中，无论从工作者的心理、生理和精力集中程度的角度，还是从工作的实施准备上，都是处于相对的“低谷”或相对不稳定状态，故人力综合能力大致呈“倒浴盆曲线”。

另外，在飞机维修工作中，尤其是在凌晨 1~3 点钟的时候，人的大脑和精力处于最低点，这种状态下最容易发生“错、忘、漏”等人为差错；由于机务工作的连续性，当前一道工序结束是下一道工序的开始时，这正是人力综合能力低谷和人为差错概率高峰的重合区域，这更是最容易发生飞机维修工作的人为差错的环节。可见，要杜绝飞机维修工作中的人为差错，重点工作应放在这些易发生人为差错的“端点和边界线上的环节”控制上，加强这些易发生人为差错环节的宏观管理和微观防范工作，防微杜渐，才能有效地控制和减少飞机维修工作的人为差错。

二、飞机维修人为差错的成因

有研究表明，15%~20% 的维修差错是由维修人员的知识、技能和能力造成的，其余的 80%~85% 差错是由工作条件、工作和任务指标、任务和设备特点、心理负荷及生理压力等因素引起的。

（一）维修人为差错的内在因素

1. 人员素质缺陷

维修人员的素质包括思想素质、业务素质、心理素质和身体素质等。思想素质和业务素质缺陷，是造成维修人为差错的重要原因。思想素质主要指价值观、思想品德、职业素养和工作态度等。一个责任感不强、工作态度消极的维修人员，难免出错频繁。业务素质主要指维修工作所需的知识、技能和能力，以及所受训练、个人智商和经验。一个专业基础差、理论素养低、知识陈旧、业务能力跟不上技术发展的维修人员，是无法胜任本职工作的。此外，英语水平低，看不懂国外飞机的一些工艺规程、维修程序等，也是导致工作失误的原因之一。心理素质不佳，过于自卑或自满大意，过于自我表现，缺乏人际沟通能力和合作意识，都会影响维修工作质量。

2. 操作违反规范

工作随意，不按规章制度办事，操作违反规范，是导致人为差错的主要原因。1988 年阿洛哈航空公司的一架波音 737 飞机在夏威夷发生事故，就是由于没有按程序检查维修，未能及时发现机体结构恶化的情况，而导致飞机在飞行中机体的上部损毁。1985 年 8 月 12 日，日航波音 747DR 飞机的坠毁造成机上 520 人死亡，4 人受伤。事故原因就是该机后部承压隔板发生的故障修理不当，造成其强度下降，最终导致这起航空灾害。

3. 心理负荷过重

由于任务进度、工作压力、工作责任所造成的心理负荷过重，也是导致人为差错的因素。航空公司对机务维修人员的工作考核，非常看重是否造成了航班延误或取消，考核成绩不仅与维修人员的收入有关，而且与其主管的工作业绩和收入有关。为了保证航班正点运行，维修人员不得不在一定的时间内抢修飞机，心理压力很大。

4. 生理压力过大

生理压力包括疲劳、病痛、因倒班引起的生理节律紊乱。航空公司开通“红眼航班”之后，机务维修人员倒班所造成的持续工作时间过长、生物钟紊乱等现象，对维修工作的质量保证产生了消极的影响。当飞机出现严重故障时，维修人员连续高强度的工作，难免造成生理疲劳，导致工作中出现错漏遗忘。如果出现疲劳或身体不适而造成不适宜工作时，仍然坚持工作，就容易造成失误。

（二）维修人为差错的外在因素

1. 工作条件的影响

工作条件是导致人为差错的重要因素，如设备、工具、照明、温度、管理、换班和规章制度的影响。例如，盛夏季节，有的机场地面温度近 50℃，维修人员在户外作业时汗流浃背，身体不适难免心情烦躁不安，容易引起注意力分散，丢三落四，造成一些失误。

工作条件与人的内在因素相互作用会导致工作失误。某机场机务工作人员在做飞机航后工作时，误将液压油加入发动机滑油箱中，幸好加了一半时发现错误，报告车间及机务部值班经理后，连夜放掉了所有的滑油，并对油罐进行清洗，否则后果不堪设想。根据《民航航空安全严重差错标准》规定，这是一起严重差错引起的不安全事件。分析其原因：一是维修人员安全意识不强，加上当时已近深夜身体比较疲劳；二是油品保管及存放不当，没有设立专人保管工具和用具；三是与夜间照明条件有关。为此，机务部按要求立即进行安全整顿，查找安全隐患，加强员工的业务学习，制定有效措施，防止类似差错再次发生。

2. 工作指示的影响

工作指示包括书面和口头通报、维修程序和实际操作。工作指示不明确，内容不具体，甚至不合理或操作性差，直接影响维修人员的工作质量。

3. 任务和设备特点的影响

任务及设备特点对人为差错的影响也不容忽视。任务计划不当、重复单调、复杂烦琐、突然变更或无章可循，以及设备性能、运转情况、人机接口问题等，都有可能造成维修中的差错。

4. 机务管理的影响

飞机的机务维修工作频度高、体能消耗强度大，若某项目存在出现差错的可能，差错发生的概率就会较其他维护项目大。在多次反复操作下，一旦操作者大意就有可能出错。通过对维护同种飞机、任务大致相同的几个维修单位的统计数据进行比较，发现出现差错少的单位都有一套好的管理办法并取得管理成效。随着航空器越来越复杂，对技术条件要求越来越高，各部门及专业界线已越来越模糊。发生航空灾害的原因往往是几个环节都存在缺陷，问题隐患虽经过两个甚至更多检查关，但最终的引发事故还是难以避免。其主要原因是组织管理薄弱，计划控制缺少防错措施，质量检验的方式、内容和时机不合理，某些检查人员本身业务水平低或工作不负责任，使检查流于形式。各航空公司的机务维修人员，通过在公司内部的横向比较，在待遇上或重视程度上存在相当大的差距，而维修人员思想不稳定、心理不平衡是造成人为差错的重要原因之一。

1990 年 6 月 8 日，某航空公司机务夜班维修值班经理早早地来到班上，这是他在 5 周中的第一个夜班。值班经理发现任务很重，特别是因为领班和注册机械工都不上班，他就是班上唯一经波音 737 注册的机械工，他必须承担起维修、分派工作和帮助其他机械工的任务。且工作计划表明下一个白班将缺少人手，并且 BAe - Ⅲ飞机的清洗工作必须按时完成。BAe- Ⅲ的机长风挡需要更换。为了使飞机按时交给清洗组，值班经理决定自己更换风挡。

大约在凌晨 3 点，他找出维修手册，查阅更换风挡的操作程序。虽然他有两年没有更换过风挡，在简单地查阅手册后，相信这是一项简单的工作。而且因为这项工作不是在“致命点”上的任务，所以不需要有两名检查人员的确认签名。在卸下风挡后，他注意到一些螺钉已经损坏或锈蚀，于是决定更换这些螺钉。风挡螺钉的零件号为 A211-7D。在紧固件货架处光线很暗，而且标签已破损，他知道正确的零件号，但只是将旧螺钉同新螺钉放在一起对比尺寸便认定这是正确的零件。他取出 84 个 A211-7D 螺钉和一些用于边角位置的较长的螺钉。但更换时他拿的螺钉型号为 A211-8C。用于安装风挡的专用扭矩限制螺丝刀没有经过校准，但在没有其他可用工具的情况下，值班经理要求仓库领班将这只未经校准的螺丝刀设定在 20 英寸 1 磅。他又对两个量规进行了校核，认为可用，随即开始安装这些螺钉，这架飞机已经拖入了飞机棚，大门关闭。关上的门使工作台无法放到机头前面的正确位置，于是他将工作台放在机头一侧。工作台的摆放是一个很不恰当的位置，他必须跨过机头操作，因而他在安装时无法看到螺钉。他拧紧螺钉，直到他感到类似卡轨脱落的感觉。他并不知道他的感觉实际上不是螺丝刀的扭矩限制作用，而是螺钉滑入托板螺帽丝扣。而且他也看不到螺帽周围未填实的埋头孔区，而这在正常情况下是很容易看清的。因为这不是“致命点”任务，所以在签署前未进行压力检测。

两天后，飞机飞到 5300 米高度时，突然一声巨响，机长的风挡脱落，机长部分身体被吸出风挡开口处，机上乘务员急忙进来，轮流抓住机长的腿，以免他被吸出飞机。巨大的气流迎面而来，幸亏副驾驶沉着应对，控制飞机使之急速下降。飞机着陆后，机长被送往医院，检查发现机长有骨折和冻伤的情况。

从这个案例来看，维修人员违规操作是导致人为差错的最主要原因。维修人员一开始就没有按规章制度办事，没有仔细查阅维修手册关于更换风挡的程序；轻视更换风挡为简单工作，没有认真核对零件号的正确性，只靠肉眼目测螺钉长短，工作随意性强。作业位置不当，未按规章进行安装操作，也没有检查是否固定到位，凭感觉想当然。此外，当时只有他一人当班，任务进度、工作压力和工作责任对他造成的心理负荷大。那天是他在 5 周中的第一个夜班，大约在凌晨 3 点开始更换风挡，因倒班引起的生物钟紊乱，容易造成生理疲劳、注意力分散，导致工作中出现错漏遗忘。机务管理存在漏洞表现在，维修质量控制缺少防错措施，质量检验的方式、内容和时机不当。由于这项工作不是在“致命点”上的任务，所以不需要两名检查人员的签名，因此导致违章操作没能被及时发现或制止，维修质量问题未被及时察觉；安装完毕后，在签署前没有进行压力检测，导致严重的安全隐患无人知晓，最终造成飞行事故。

飞机维修工作是一种动态的、多变量的、人为因素起主要作用的开放系统，系统中不确定的因素多，逻辑关系复杂，基本事件的发生概率也很难确定。造成维修人员人为差错的主要原因，可归纳为“主观和客观”两方面的原因或来自人、机、环境、管理等因素。大多数人都认为维修人员是人为差错发生的最主要因素，对已发生的人为差错只寻找维修人员的直接原因，就事论事，而忽视了飞机维修管理和维修系统上的不足之处。其实最关键、最根本的因素是管理因素，因为管理因素可以直接或间接地影响和决定人、机、环境因素。当然，维修人员的综合素质、飞机设计方面的缺陷、维修环境（场地、工具设备、灯光等）也是很重要的因素。只有深刻认识人为差错的偶然性和必然性之间的辩证关系，努力在管理、制度、程序和法制上狠下功夫，努力提高人员素质、维修质量，改善工作环境，消除各种不安全因素，才可以从根本上解决维修人员人为差错问题，以保证飞行安全。

第三节　空管人员致灾因素

空中交通管制是一项高风险、高工作负荷的智力劳动，空管人员就像乐队指挥一样，指挥每一架进入本管制区的飞机。空管人员一方面要不断地获取信息，分析评估动态，果断做出判断决策，发出指令信息，随时为运行中的航空器配备安全的管制间隔，及时处理各种突发特情；另一方面空管人员可利用的思考时间很短，而发出的指令直接影响航班空中飞行状态和航空安全，管制活动是在空管人员、飞行员和有关设备的共同作用下进行的。任何一个环节出现问题都可能引发飞行冲突甚至航空灾害。如调度工作的差错，容易造成飞机在空中相撞的悲剧。

南斯拉夫的萨格勒布机场是空中交通的枢纽。萨格勒布机场管制中心，曾经由于在调度工作中出了差错，导致在高空飞行的两架客机迎面相撞。当时，英国航空公司的一架“三叉戟”客机从南向北正向萨格勒布机场靠近，它接到地面的指示是：保持飞机的飞行高度和其他飞行指数。为“三叉戟”分配的有三条空中“走廊”：8840 米、10100 米和 11300 米，空管人员应保证其中一个高度为这架飞机降落时使用。“三叉戟”飞机按地面的指令，在 10100 米高空的飞行通道继续飞向萨格勒布，这时，南斯拉夫航空公司的一架 DC-9 型客机也向萨格勒布机场飞来，这架飞机的航道分配和“三叉戟”客机相接近。当时，调度人员为在萨格勒布地区上空的其他几架飞机分配了航道，但将南斯拉夫的客机错误地引向已经分配给“三叉戟”客机的通道，即 10100 米高空。在 1/1000 秒的时间内，两机迎面相撞，396 条生命瞬间血肉横飞，惨不忍睹。

这起事故的全部责任在于空中指挥差错。尽管那一天地面雷达设备失灵是客观因素，但这个机场有备用雷达，由于当时晴空万里，管制中心没有启用备用雷达，这也是致命的错误。空管人员的判断和指挥失误，是造成这起航空灾害的主要因素。

一、空管人员素质缺陷

空管人员的思想素质、业务素质和心理素质等方面的缺陷，是严重威胁航空安全的致灾因素。

空管人员思想素质差，缺乏责任感，安全观念淡薄，纪律松弛，是飞行安全的大忌。从国内 1999 年以来多起空管不安全事件分析可以看出，麻痹大意、责任感不强、主观臆断和违规操作是其主要原因，其根源在于思想混乱，意识不清，缺乏理性思维。事实上，技术全面的空管人员也会犯错误，人为差错与空管人员的管制作风和敬业精神密切相关。

业务素质缺陷，主要表现在空管人员与空中交通管制相关的专业知识储备不足，缺乏必要的工作技能。其原因主要有两个：一是天赋不足，从事管制工作的基本素质有很大的缺陷；二是缺乏良好的培养和培训，空管理论不扎实，业务技能薄弱。这类空管人员在空管指挥中能力有限，出现人为差错的概率高。一旦遇到特殊情况，往往不能处置得当，使管制工作陷于被动与混乱。

心理素质缺陷主要指空管人员不具备从事管制工作所需的特殊能力，包括评估决策能力、情绪控制能力、应变创造能力、语言表达能力、情景意识能力、精力分配能力、预测统筹能力、沟通协调能力、立体感知能力、记忆和心算能力等。例如，情绪控制能力差的管制员，当飞行流量大时，就会思绪混乱，语调失控；当飞行流量小时，则精力难以集中。此外，空管人员还可能将生活中的消极情绪带到工作中，对自身的失误过分自责或对自己的管制能力过分自信，对机组的配合情况不满而产生厌烦情绪等不良心理状况。

语言表达能力不足的空管人员，口齿不清，词不达意，容易造成信息失真和管制差错。情景意识能力指管制工作中时刻保持高度的警觉性和洞察力，清楚管制区内所有的航班动态，了解目前形势、未来形势和处置措施。由于管制工作是一种纯脑力劳动，没有实体刺激，易产生厌倦感。空管人员如果产生厌倦情绪，理解能力降低，行为控制能力减弱，随意性大，反应迟钝，神情恍惚，冲突意识减弱，不能准确全面地获得必要的信息，易错易忘易漏，非常危险。

有一次，国内两架航班飞机同在 7800 米高度汇聚飞行。其中一航班机组向空管人员询问前方 40 千米飞机动态时，管制员才意识到潜在的飞行冲突，立即指挥该航班飞机下降高度 7200 米保持，并指挥另一班机左转 270 度避让，两机同高度时，最小间隔为 23.6 千米，如果不是及时处理得当，后果不堪设想。这起安全隐患的原因：一是空管人员情景意识能力不强，没有及时发现潜在的飞行冲突，导致两机同高度汇聚飞行；二是管制员在接受相邻地区移交飞机位置时未及时对移交高度进行调整。

二、空管人员操作违规

有章不循是导致空管人员人为差错的关键因素。有的空管人员在管制工作中不按规范行事，凭自己的想象，断章取义，形成错误的管制概念和管制行为准则，以致遇到问题时造成混乱；或者凭经验、想当然，形成了思维定式，而忽略了规范，从而引发管制冲突甚至事故。

某区域管制员没有按规定严格监控飞机飞行动态，因此没有发现机组复诵指令的错误，也没有严密监视机组对管制指令的执行情况，造成两架航班飞机发生严重飞行冲突，两机相对飞行，最小高度差仅为 180 米，水平间隔 10.1 千米。某地区域空管人员在没有依据进程单确认有无影响的情况下，便同意接收一架军航飞机（高度 10200 米）的移交。当接到电话提醒军航飞机与同高度的某航空公司航班可能有飞行冲突后，空管人员立即指挥某航空公司航班下降到 9000 米，军航飞机左转航向 360 度，最后两机平行正切时的侧向间隔为 27.6 千米，造成一起严重差错事故件。

三、空管人员身心状况不佳

由于社会对空管行业重视不够，淡化了空管人员专业性强、责任大及风险高的行业特点，使空管人员缺乏职业的自豪感、崇高感和神圣感；而空管行业内部竞争和激励机制不健全，高风险的劳动投入和相对低的经济收入不协调，使空管人员心态不平衡，不公平感强烈。空管人员的心理状况不佳，如情绪低落、情感郁闷、愤愤不平或焦虑不安等，都会使其在工作中出现异常，不但不能发挥其主观能动性，而且容易导致差错。此外，空管人员的生理状况，如健康情况、疲劳情况、用药情况、酒精和错觉等，都在一定程度上影响航空安全。

人的生理和心理状况往往是密不可分的。实践证明，身体疲劳、心理负担重、生病等不良身心状态，是导致在工作中发生无意识状态并出现差错的主要原因。空管人员在工作中长期监视显示屏，容易产生心理和视觉疲劳，如果不能分析和掌握空管人员注意力的广度、集中性、稳定性以及注意力分配和转移的特点，采取增强空管人员注意力的有效办法，则难以防范注意力分散导致的人为差错。

有些人为差错是在无意识状态下发生的，如管制工作中的“口误”现象，即头脑中想的是对的，说出来的指令却是错的；又如已经发现相对或汇聚飞行有潜在的冲突，已经制定出调配预案，但发出的指令却与预案截然相反，并且没有察觉到错误；更严重的是，处于无意识状态的空管人员可能完全没有意识到明显的冲突。几年前某地发生过车辆上了机场跑道，塔台管制员却忘记这一动态而指挥飞机落地，幸亏机长及时发现后复飞，如果当天能见度较差，机长不能及时发现道面上的车辆，将导致严重的航空灾害。

四、空管班组配合不当

虽然个人难免出错，但集体的智慧、团队的力量及多层次安全防护系统可以弥补个人的失误。空管人员个人的沟通协调能力很重要，而加强班组资源管理更为重要。

人工的空管系统对监督检查是开放的，督察员和同事可以检查空管人员的行为，可以对其能力进行判断，在他超负荷工作时提供帮助，在他忽视重要问题时进行提醒。现实中曾多次发生过由空管班组交叉检查不到位、配合不当所导致的事故。

应建立空管人员技术档案，合理搭配值班力量，营造一个配合默契、分工协作、相互监督提醒、取长补短的管制氛围，达到“1+1 ＞ 2”的管理效果。

五、空管工作负荷影响

随着航空运输业的飞速发展，空中流通量增长很快，相比之下，现有的空域结构、航线、航路的网络布局、通信导航设备等管制条件难以适应空中交通流量的快速增长，导致一些机场、航路交叉点出现较为频繁的飞行冲突，空管人员的工作变得紧张而繁重，工作压力增大。机场终端区交通拥挤和空管人员工作负荷过重已成为现实问题。

在工作负荷过重和心理紧张加剧的情况下，感情交流和慰藉非常重要。如果空管人员缺乏与他人的感情交流，缺乏合理的释压和宣泄渠道，就可能造成一系列的思想或心理问题。工作负荷一旦超过了极限，空管人员就难以保证安全；但工作负荷太小，又会导致厌倦、注意力不集中或技能丧失等问题，这些在交通密度低的时段显得十分突出。

六、空管通话信息失真

空管人员因素对航空安全的影响，除了其自身的因素，更重要的是在飞行过程中与机组成员间的相互作用问题。美国运输安全委员会所做的一份报告显示，造成信息缺乏而引发的事故所占比例已达 70%。而美国国家航空航天局（NASA）根据航空安全报告制度（ASRS）的资料研究分析后得出的如下统计，更能说明陆空通话信息失真在事故中所占的比例：通话内容不正确，如数据、判断、解释错误等，约占 14.8%；航空用语含糊不清，如使用非标准用语等，约占 9.9%；内容不充分，如在通话理解方面提供必要信息不充分，约占 5.5%；接受者无监控，约占 10.3%。其他因素所占比例也不小。这些因素导致通话信息缺失，产生安全隐患，致使机组做出错误决策，从而造成飞行事故。

2002 年 3 月 12 日晚，法国一架空客 A320 飞机从图卢兹飞往巴黎途中，当飞机驾驶员向地面的空管人员发出“机上着火”的信息时，空管人员听成了“机上有 5 人”，以为飞机被人劫持了，立即通知了有关部门。不久，两架战斗机前去“拦截”这架客机。法国总理闻讯后，误以为法国也要遭遇“美国9·11恐怖袭击事件”，匆忙赶回办公室。客机后来被迫返回图卢兹，机上乘客不得不转换其他航班飞往目的地。这起事件虽然造成的有形损失不大，但无形的损失是难以估计的。

七、空管人员自动化适应不良

空管自动化是航空技术进步的体现，但也给空管人员带来了新的问题。数据自动化会减少空管人员所需的一些重要信息，如许多口头传达的信息不能以数字表达，在自动化过程中就会被省略。数据自动化可以包含重要的定量信息，但不再包含定性信息，空管人员使用这些信息时，不能掌握它的可靠性和持久性。与传统的纸质进程单相比，电子进程单减少了防止差错的手段。在自动化形式中，外形相同的字母或数字认错、相邻行间数据的读错、外形相似的数据块看错、含糊的功能键标牌的误解等，都容易造成视觉差错和认读差错。

自动化系统会抑制人的灵活性，强制实行标准化，可能会导致新的人为差错和误解。当解决问题、决策和预测有了自动化协助，空管人员更加自主，更多的任务将是通过人机交互完成，而不是通过与同事或飞行员的交互监督和确认来完成，因此可能制约团队功能的发挥。一些任务在自动化系统中自动完成，空管人员不必了解和记忆管制下的交通状况，然而一旦系统失效，管制员将无法接替系统工作。虽然，我国的空管自动化尚在探索开发之中，但由此带来的新问题，有必要引起足够的警惕。

第四节　机场工作人员致灾因素

一、安检人员工作失误

安全检查是为预防危害民用航空安全的非法行为发生而采取的一种防范措施，由机场安检部门依据国家有关规定实施。其对象为乘坐国际、国内民航班机的中外籍旅客及其携带的行李物品，进入机场隔离区的人员及其携带的物品，货主委托民航空运的货物（经国家特别准许者除外）等。其目的是防止将枪支、弹药、武器、易燃易爆、剧毒、放射性物质及其他危害航空安全的危险品带上或装载上飞机，保障民航飞机和乘客生命财产安全。安检人员的工作失误，是导致航空灾害的重要因素，下面对安检人员致灾因素进行简要的分析。

（一）岗位适应性不良

安检工作是一项责任重大的工作，要求从业人员具有高度的政治责任感和高尚的职业道德；具备相应的知识和技能，能熟练地操作仪器，了解仪器的特性和局限性；有稳定的心理状态和旺盛的精力；还要胆大心细，善于察言观色，及早发现可疑分子的蛛丝马迹。然而，有的安检人员没有经过严格的培训，尚未满见习期便独当一面，这会造成工作效率低下和工作失误。

（二）工作规范性欠佳

安全检查的方法有两种：一种是技术检查，旅客必须通过安全门或接受手提式金属探测器的检查。行李货物则必须接受 X 射线安全仪器检查，即通过 X 射线冲击荧光屏，从观察窗上显示出物品图像，检查员由此进行判断物品是安全的还是可疑的。对可疑物品，要开包检查或用其他方法检测。另一种是手工检查，旅客人身由同性别的安全检查人员用手触摸检查，必要时可进行搜身，并对其随身携带物品开包检查。这两种方法可以单独采用，也可以兼用，都有严格的工作程序和操作规范。但现实中，有的安检人员却违章操作，工作规范性差。

有一个劫机犯被捕后坦白说，他事前故意将一把指甲剪放在裤兜里，当通过国内某机场安全门时，仪器发出报警信号，他装作歉意地掏出指甲剪，检查员未按规定再做进一步检查就放行了，根本没发现他身上还藏着凶器，于是疑犯揣着凶器混上了飞机。

（三）工作时间过长

操机工作时间过长，易造成操作人员视力模糊和精力不集中，发生错读、漏读图像事件，漏检危险、违禁物品等，造成严重的安全隐患。

总之，许多劫机事件，都是因为安检漏洞而造成了严重的后果。1988 年的洛克比空难是第一起由于安保措施不力造成大批人员死亡的航空灾害。安检人员没有检查出藏在行李中的炸弹，而且在发现旅客未登机后没有将其行李卸下来。安检人员的责任重大，必须杜绝工作中的差错。

二、地面指挥人员工作失误

地面指挥人员负责机场日常生产运行指挥协调、施工与生产运行的协调与管理、专机保障、仪表着陆系统运行指挥协调、机场重大活动和异常天气的指挥协调、紧急情况处置以及机场运行情况通报等。地面指挥人员的工作失误，严重威胁航空安全。

国内一架航班飞机停在某机场一座廊桥，得到推出许可后，机组按正常程序与地面联系推出，推出过程中与另一航空公司一架停在相邻廊桥的飞机发生碰剐，造成该飞机左水平尾翼尖和左升降舵翼尖的放电刷折断，另一架飞机右水平尾翼下方及升降舵下方被剐伤。这起事故就是由机场地面指挥失误而造成的。

三、机场配载人员工作失误

飞机的配载工作是重要的地面保障工作，如果货物实际配平超限，则有可能导致飞机在空中失衡或失控，甚至造成机毁人亡的后果。

一架航班飞机在到达机场落地后，机长发现飞机前货舱内有1吨多货物在舱单上没有注明。尽管货物预配及实际配平在允许范围内，但这是一起机场配载中心工作人员工作失误的严重差错事件。分析事件原因，主要是工作人员安全意识淡薄，没有按规章制度操作；而其他工作人员没有按照规章进行检查，监督不力。

四、机场监护人员工作失误

机场监护人员的工作失误，会造成严重的安全隐患。一次，一个精神病患者从国内某机场行李转盘钻入机场隔离区，混上摆渡车并登上某航班，直到工作人员在机上清点客人时才发现他无票登机，立即将其送交公安部门处理。这起严重差错事件的主要原因是：一是行李转盘通道监护责任没落实，二是航空公司更换飞机未通知机场公司，三是监护员对先行登机客人未及时清查，四是航空公司服务人员未在登机口验票清点人数。表面上看，这是一起令人哭笑不得的意外事件，但暴露出地面安全保障的漏洞。一个精神失常的患者可以轻易地混上飞机，可以想象，若是经过训练的恐怖分子，更会有机可乘。因此，必须改善机场监护工作的薄弱环节，及时消灭安全隐患。

航空灾害成因虽是多方面的，但大都与人的因素有关，人的行为因素在飞行过程中最为关键，而且改善的余地很大。对机组人员、维修人员、空管人员和机场工作人员等方面的人为因素致灾原因进行分析，目的是更好地了解人怎样才能最安全、最有效地与技术相结合，通过预警、预测、控制和引导人的行为，并融入培训、管理政策或操作程序之中，有效减少人为失误或差错，提高航空安全水平，减少航空灾害。

五、人为因素与人为因素学

一般在英文文献中，人为因素都以复数形式出现，在研究人为因素时，重要的一点就是要认识人为因素的个体以及群体形式。

（1）个体人为因素

个体人为因素也可以称为人为要素。

（2）群体人为因素

用数学及物理学的说法，可以把群体人为因素看成一种人为因素。它包含了操作、现场作业、组织管理及监督等各个方面。简言之，人为因素学是一种综合的技术体系，它谋求把与人类有关的众多领域内的知识见解灵活地应用于实践，来提高装备的安全性的效率。

人为因素学所跨越的领域不亚于工程学。一个工程师不可能了解工程学的全部领域。同样地，一个人不可能也没必要精通人为因素的各个领域。

六、人为因素学的基本原理

人为因素学有许多重要的内容，这里列举其中与工程热力学中的第一定律和第二定律相通的论点，即“不能要求人为差错为零，只能通过防止差错和制定容错措施来控制差错”。

这样的说法可能会引起各种议论，如“既然差错是理所当然的事，那还研究它干什么？”“把差错视为不得已的事情并予以宽容是不对的”等。

可是，热力学第一、第二定律明确指出“不能制造出永动机”。与此相类似，从人类大脑处理信息的结构看，人不能 100% 地避免差错。认识这一点是十分重要的。

工程学打消了制造永动机的念头，转而以不断地改进技术来实现提高热效率的目的。同样道理，人类也要去掉要求“没有差错的人”的幻想，转而通过积累从人为因素中得来的经验，实现更好地控制差错，最大限度地将事故发生率降低到接近于零。

一般来说，航空事故 70% 是人为因素引起的，详细研究一下以往的资料就会明白 70% 这一数字是和飞行员的错误相联系的。再看看剩下的 30%，有设备故障、设计错误、制造错误、管制错误等，这些都和人为因素息息相关，追究下去的话，在某种意义上也可以说：“事故 100% 地与人为因素有关。”

七、理论运用于实践的尝试

人为因素是一种涉及领域和知识都很广的方法体系，人们已经提出了许多有用的概念和方法，但是，需要尽力把重要的概念转化为方法，并且运用到实践中去检验。

例如，有“事故链”这么一个概念。这就表明，“大事故极少是因为一个原因引起的，总是由于许多事件像链条似的连接在一起而发生，所以，要防止事故只要切断这个链条上的某一个环节就可以了”。

从把概念转化为方法的观点来看，可以考虑“分析事故链”的问题。即对作为对象的事故进行分析，具体地写出存在着怎样的事故链，要防止事故再度发生，应防止哪个环节和该环节的形成，要付出什么代价和多少时间才是合适的等。

另外，用人为因素学的基本原理阐述的“防止差错”就是指设置差错发生的阻力，使其难以发生。同样的道理，“宽容差错”就是对待差错要有宽容性的措施，以达到即使出现了错误也不至于形成事故的目的。

从每个装置的设计方面看，为了提高其防止差错和宽容差错的能力已经采取了许多具体措施（如各种警告信息和冗余度设计等）。

八、管理中的人为因素学

在上文提到的防止差错的七个重要方法中，我们提到了隐性差错这个概念。近年来，管理中的人为因素学得到了广泛的重视。同时隐性差错这一概念也曾用于斯利马尹尔艾兰岛核电站事故和航天飞机事故等这种大规模装置的事故调查中，所做出的分析结果受到了肯定和赞赏。差错可以分为显性差错和隐性差错。

显性差错，是指从其结果立刻就可得出发生了差错的结论。第一线操作人员的差错属于这一类。所谓隐性差错，是指因其结果不会立刻显示出不良影响，因而不知道已出现了差错的情况。与系统的设计和管理工作有关的差错就属于这一类。

设计者和组织管理者的判断错误，很少能马上在当场显现出来，它在包括组织在内的整个系统中作为潜在差错存在着。某一时刻，其突然与其他因素结合，才能明显地表现出来，引起重大事故。这种情况是常有的。换言之，所谓隐性差错就是组织和管理的差错，只要是人在进行管理，这种差错就难以避免。

隐性差错和显性差错的关系可引申出防止差错的方法论，即给出了差错的四个反馈环节。第一个环节是过去一直在使用的设备发生了重大事故的事故征候时，采取防止再发生对策的环节。这不仅能够防止已发生的大事故再次发生，而且能够在大事故发生之前制定防患于未然的办法。

例如，可以从连事故征候都算不上的不安全行为中思考防止事故的办法（第二个环节），还可以从不安全行为的征兆（第三个环节）和中间管理不恰当（第四个环节）中探讨防止发生事故的办法，也可以通过审议标准方针的决定等（例如有关安全的方针和组织方式），做到防患于未然。

这样的想法，已经逐步在调查航空事故原因等工作中得到了应用。例如，1993 年 2 月在洛杉矶机场发生的撞机事故中，管制人员忘记了在跑道上待命的西方航空公司的飞机，而给予了合众国航空公司（US 航空）的飞机在该跑道上着陆的许可，造成两机相撞的事故，出现了重大伤亡。美国国家运输安全委员会在这起事故的调查报告中做出了下述结论：

事故的可能原因是洛杉矶机场管制当局的管理工作没有采用与国家标准中规定的相同的信息处理办法；FPA 中央管制当局没有对机场管理当局的管理工作进行适当监督指导。由于这些原因，洛杉矶机场管制塔台 2 号航站区域的管制，未能实施对交通情况的正确保障，终于发生了不适当的出港许可，形成了合众国航空公司的飞机与西方航空公司的飞机相撞的外部环境。

九、影响航空安全的三大人为因素

随着飞机的出现，交通运输的模式发生了巨大的变化。航空运输以方便、快捷的优势吸引着大量的旅客。世界间的距离随之“缩短”，朝发夕至已成为不争的事实，然而航空安全一直是困扰着人们选择出行方式的一大难题。

在航空运输发展的初期，由于科学技术较为落后，因飞机本身的机械故障而引发的飞行事故居高不下，占据主要原因。近几十年来，随着科学技术的不断发展，新材料的大量使用，飞机已是高新科技的代表作，自身的安全系数不断提高，但由于人为因素而造成的航空事故比例大大增加。统计数字显示近 70% 的事故由人为原因导致，这成为制约航空安全的最大障碍。这一现象已引起业内专家的高度重视，希望逐渐探索出通过加强机组资源管理，从而有效降低人为因素的安全隐患，达到提高航空安全水平的目的。

航空安全是一个系统工程，包括人、机、环境三大环节，随着科技的不断发展，运行环境的不断完善，人为因素已成为制约航空安全的首要环节。

影响航空安全的三大基本人为因素主要指技术因素、法规因素和资源管理因素。

（一）技术因素

众所周知，航空器是诸多尖端科技的综合产物，以高速安全的特点帮助人类实现了许多梦想、缩短了世界各地之间的距离、加强了相互之间的联系、加速了社会文明的发展。在享受这些便捷的同时我们也应该意识到它的复杂性和挑战性。

航空人员是不同于一般群体的特殊人员，航空器的特点决定了他们必须具备高度的专业素质和精湛的驾驶技术。他们不但要全面了解相关学科的专业知识，还要对航空器的工作原理谙熟于胸；不但要熟知各个系统，还要具有出现异常时分析问题和解决问题的能力；不但要能够熟练操纵飞机作各种机动应急，还要能够从容应对特殊情况的发生。要发扬人的聪明才智、发挥飞机的最大性能从而确保航空安全。

从我国培养飞行人员模式的变化即可看出对从业人员要求的不断提高，中国民航飞行学院是培养飞行员的摇篮，其前身仅为一般的技术专科学校，随着民航隐性业的不断发展逐渐升格成一所综合性本科学院，所培养的人才从单一的航空器“司机”到今天的高素质综合型人才。飞行学院除传授综合性的专业知识以外更加注重飞行员再学习能力的培养，以适应航空技术的不断更新与发展，并以积极的态度去面对高新技术的不断涌现，从而有效合理地利用和再创造，为营造良好的人机环境、建构相互影响和相互促进的良性循环、为航空安全与可持续发展奠定基础。

从飞行员的后期培训来看，近年来增加了新雇员培训、公司运行政策培训、应急训练和定期复训等，培训体系已向系统化、职业化发展。教学模式也从师傅带徒弟的经验型转变到理论与实践紧密结合的综合型，侧重于传授技术而不是简单的技巧，所有这些改变都为今后的航空安全储备人才，有利于从根本上改善人为因素这一重大环节。

（二）法规因素

航空法规是从事航空运输的行为规范，没有规矩不成方圆。从初始飞行学员到成熟的机长要经历许多法规制度的培训，其中包括《飞行基本规则》《民航法》《公司运行手册》《安全管理手册》及各自驾驶机型的《使用手册》《快速检查单》等。所有这些都是保证航空人员在一定的环境和范围内，合法合理地行使权利履行义务的行动指南，也就是我们所讲的行为规范化和法制化。所有法规都是根据民航发展的需要从实践中总结出来的宝贵经验，还有些是从惨痛的教训中提炼出来的精华，作为一名职业的驾驶员，必须充分学习并全面掌握，知道什么可以做、什么不可以做和应该怎么做。

在熟知法规的基础上更要求一名驾驶员要严守规章，不能明知故犯。在过去的历史中有许多经验教训，如不执行检查单导致机毁人亡、盲目蛮干致使国家和人民的生命财产遭受重大损失。这样的事例不胜枚举，也正从反面印证了法规制度的严肃性和必要性。

然而仅仅做到熟知和严守法规制度还远远不够，由于事物在不断地发展，法规制度只是过去行为的沉淀，相对新鲜事物具有滞后性，需要推陈出新、不断发展和完善。正如《快速检查单》中所述：QRH 不可能涵盖所有的情况，也不能代替驾驶员根据掌握的知识而做出的良好判断，为了获得更高的安全性，驾驶员在特定的情况下也可以偏离已有的标准程序并对其行为负责。这告诉我们在面对新情况时不应该局限于现有的经验和法规，要勇于探索和进取，冲破旧有法规的约束而获得更高的安全性。这也正是法规制度发展和完善的必然过程，事物发展的客观规律。

（三）资源管理

人食五谷杂粮，有七情六欲，各具特色是世间最复杂的生命体，因具有思想性及社会性而不同于其他群体。现代的航空器均配置多人制机组，如何正确处理不同个体之间的关系，发挥出“1+1 ＞ 2”的功效，属于驾驶舱资源管理研究的范畴。人无完人，金无足赤，是由事物的本性决定的。统计数字表明，近年来发生的重大事故多为机组失误造成，因而正确处理驾驶舱中个体之间的关系将对保证航空安全起到重大的促进作用。

1. 建立良好的沟通环境

驾驶舱机组之所以设置为多人制，其根本原因在于通过相互提醒而弥补过失达到保证安全的目的。只有建立良好的沟通才能做到事半功倍。一个人发现问题要让全机组都知道，信息共享才能群策群力；一个人做事也要得到其他人的认可，防止决策失误出现偏差。

2. 机组间合理分工

通常一次飞行任务是由多个单元组成的，涉及运行的方方面面，以一人之力难以完成，应当合理分配任务，发扬团队精神，避免过度疲劳和无所事事。研究表明以上两者都会降低人的处境警觉意识和主动参与的愿望，对飞行安全不利。良好的处境意识可以帮助机组做出正确的决策，化险为夷。

3. 正确处理机组成员间的关系

机组成员之间是相互配合相互信任相互协作的关系，应当相互尊重意见和建议。尤其机长更应当充分听取机组成员的建议，广泛收集相关信息，集思广益做出最合理明智的决定。居高临下、独断专横的态度及做法在多人制机组间的配合上十分有害，可能会导致其他成员想到问题但不想提出来，看到问题又不敢说出来，震慑于机长的所谓“权成”对航空安全极为不利。营造和谐的驾驶舱环境及融洽的机组成员间关系是我们应当努力追求的目标。

4. 如何正确决策

事故研究表明，大多数事故都是通过正确处理可以避免的。这就要求机组在遇到紧急情况时能够正确决策，否则功亏一费，篑成灾害。这里介绍一种简单快捷的决策程序，即 FORDEC 模式，它是德国汉莎航空公司多年研究的成果。

F（Factors）因素：收集所处环境中可能影响判断及决策的各种情况；

O（Options）选择：针对目前状况你可能面临的各种选择；

R（Risks & Benefits）风险与利益：分析每一个选择存在的利弊；

D（Decisions）决策：通过以上步骤的分析与评估而做出决定；

E（Excute）执行：对所做决定的具体执行步骤；

C（Check）检查：在执行过程中进行检查，如发现有新的因素产生及时重新评估和决策。

影响航空安全的三大人为因素包括技术因素、法规因素和资源管理。技术因素要求一个职业飞行员不但要熟知飞机的各个系统，熟练操纵飞机作各种机动，而且要有分析问题、解决问题的能力，能够在特殊情况下从容处置，保证安全。法规因素要求飞行员不但熟知法规、严守法规，而且为了达到更安全的目的要勇于探索、突破并完善法规。资源管理则要求有团队精神、情境意识和正确决策。

第五章　管理因素与航空安全

第一节　航空安全的管理致灾因素

通过对人为致灾因素、飞机设备致灾因素和环境致灾因素的分析，可以发现造成航空灾害的关键因素，实际上是航空组织安全管理波动和航空组织安全管理失误的作用。对各因素的分析有各自不同的相互关系重点。其中，驾驶员操作、判断因素主要涉及人—机—环境关系，维修人员因素主要涉及人—机关系，空管人员及航空组织的管理则主要涉及人—人关系。当然，人—机系统所需考虑的因素还包括其他许多方面，如人—机关系方面涉及的人—机界面的设计。这些关系的失调，是导致航空灾害的根源，只有从管理角度对这些关系进行协调和控制，才能有效地防范航空灾难。

一、航空公司的管理致灾因素

对航空公司工作人员的调查结果表明，被调查人员认为航空公司最容易出漏洞的安全管理环节依次为机组管理、机务维修管理、飞行安全管理、高层安全管理决策、信息安全管理、安全监察和航行安全管理等，详见表 5-1。

表5–1　易出漏洞的航空公司安全管理环节

结果排序	易出漏洞的安全管理环节	百分比%	调研项目编号
1	机组管理	45.25%	2
2	机务维修管理	44.11%	4
3	飞行安全管理	42.59%	6
4	高层安全管理决策	36.88%	1
5	信息安全管理	27.76%	5
6	安全监察	25.48%	8
7	航行安全管理	12.93%	3
8	其它	0.00%	7

二、机场的管理致灾因素

对机场工作人员的调查结果表明，被调查人员认为民航机场最容易出漏洞的安全管理环节依次为对重点岗位人员的安全监督、旅客登机安全检查、信息安全管理、机场设施管理和道场安全管理等，详见表 5-2。

表5–2 易出漏洞的机场安全管理环节

结果排序	易出漏洞的安全管理环节	百分比%	调研项目编号
1	对重点岗位人员的安全监督	70.83%	1
2	旅客登机安全检查	57.64%	3
3	信息安全管理	47.50%	5
4	机场设施管理	28.47%	2
5	场道安全管理	25.69%	6
6	其他	5.56%	4

无论是航空公司容易出漏洞的安全管理环节，还是民航机场容易出漏洞的安全管理环节，都反映出航空灾害的关键致灾因素是航空组织安全管理波动和安全管理失误。本书前面的章节中已经对航空组织现有安全管理体系的结构和功能缺陷进行了实证分析，下面重点探讨安全管理波动和安全管理失误。

第二节 航空安全管理波动的原因

造成航空安全管理波动的主要原因，一是航空组织的外部影响因素变动，二是航空组织管理的内部原因。

一、航空安全管理波动的外部影响因素

航空安全管理的正常运转应与外部影响因素相互吻合。

航空组织外部影响因素主要包括社会环境、自然环境、航空组织发展战略及信息技术等，都会对航空安全管理产生影响，造成一定程度上的航空安全管理波动。

二、航空安全管理波动的内部原因

航空管理组织的运行，首先反映出组织中人和人的交往关系。通过人和人的有目的的和有秩序的交往活动，实施完成安全管理活动。所以航空安全管理波动的内部原因主要表现为人—人关系的失衡状态，其次是人—机关系的失衡状态。

（一）人—人关系的失衡状态

航空安全管理波动的成因征兆，表现为人—人关系的失衡状态，具体表现为航空组织中管理矛盾现象和管理系统运行的不稳定特征。

1. 航空组织运行中的管理矛盾

由于现行航空组织结构是依据分工原则而构建的，整个组织按照功能分工不同的部门，不同部门或群体存在局部利益及认知方式和水平的差异，不可避免地导致组织管理中的各种矛盾，从而引发安全管理波动。这些矛盾现象主要表现在：

（1）管理集权化和职能部门职权分散化的矛盾。

（2）组织领导层同一般管理人员在利益取向与实现方式上的矛盾。

（3）管理纪律的保证和发挥同中层管理人员主动精神的矛盾。

（4）管理部门的任务同管理者个人劳动成果奖惩失调的矛盾。

（5）管理创新同管理稳定性的矛盾。

（6）管理部门之间在组织目标实现上的合作与职权竞争、资源竞争上的矛盾。

2. 航空组织运行的失衡特征

航空组织管理系统的运行，实质上是不同组织成员按照一定的规范而发生相互交往关系的过程。如果这种人—人关系在一定的组织规范下未能实现预期的交往状态，则说明组织运行发生了波动而处于失衡状态，表现为六种安全管理波动现象的特征。

（1）失序特征。它是对安全管理活动必须有序运行的规范的违背，主要表现为各管理部门和管理者个人在职权活动中的交叉、越权、互不合作等现象。这种失序现象，有纵向领导关系的失序、横向职能关系的失序，或两者失序在时间与空间上的相互作用等形式。

（2）信息匮乏特征。在安全管理过程中，人与人之间的职能活动离不开各种信息的支持，这是安全管理系统正常运行的前提与规范。而信息的缺乏或变异，往往导致人与人的职能活动失去行动依据或行动目标，由此产生安全管理行为的盲目或不合理，导致安全管理波动。

（3）失控特征。安全管理活动的可控，是人—人职能关系基本规范的要求。对它的违背，主要表现为安全管理系统在控制方式上的强权化、非民主化方式和对安全管理人员的单向控制。

（4）非理性特征。安全管理组织活动中人—人关系的重要特征，应当是理性化的交往行为。安全管理活动的理性成分增加，意味着安全活动获取成功的可靠性增加，而对它的违背，比如过分情感化（以人情作为衡量安全管理工作结果的标准）和经验化取向（凭借个人的经验知识，采用模糊的、低信息量的或专断的工作方式），会降低航空组织安全运行的可靠性程度。

（5）非流动性特征。安全管理系统中各子系统、各职能部门间的要素流动，有利于整体系统的优化及其安全活动过程的有序化，这些要素涉及管理部门的职权、人员、信息、奖金及设施等。对各种合理流动的违背，主要表现为各管理群体在各要素的使用上搞“独立王国”，认为其他职能是次要的、服从性的，由此导致组织中职能冲突、职能对抗、互不合作等现象，使整体的安全管理运行不稳定。

（6）僵化特征。安全管理系统的结构与功能是相对于特定组织环境而设定的，组织环境一旦改变，如民航体制不断深化改革，航空安全管理系统也要随之调整和优化。而对这种改革特征的违背，是拒绝改变原有的职能机构和职权关系，拒绝改变人—人关系和交往规范，其结果常常导致安全管理系统的运行紊乱和功能不足，造成严重的安全管理波动。

安全管理系统运行失衡的特征，在航空组织管理实践中相互联系，互为因果，相互作用于安全管理过程。这种表现为人—人关系违反管理科学规范的状态，就是安全管理波动对组织功能造成破坏的过程状态。

（二）人—机关系的失衡状态

航空组织管理系统的运行，一方面主要表现为组织活动中的人—人交往关系；另一方面，这种交往关系的活动结果是技术系统的运转。安全可靠性的提高，要以机器系统本身所能达到的可靠性为前提。而机器系统能在多大程度上提高其安全可靠性，又取决于一个重要的中介因素——人—机关系。因此，安全管理波动的原因，也来自人—机关系的失衡状态。航空组织的技术系统，在安全生产活动中也会发生一些难以避免的矛盾。如果这些矛盾得不到解决，就会产生安全管理波动而使生产无法安全实现其既定目标。从人—机关系的综合角度看，这些矛盾现象主要反映在以下四个方面。

1. 安全管理行为的素质同现代化技术设备的矛盾

航空技术设备的现代化程度越高，对管理行为的素质要求也就越高。比如，有些人员技术素质较差的地方航空公司，在引进国外先进技术设备以后，管理人员不懂管理的问题，瞎指挥、误操作的现象时有发生，不但航空技术设备及相应先进管理手段的功能无法发挥，反而造成现场混乱秩序的波动状态。

2. 技术设备老化与管理技术进步的矛盾

任何技术设备都存在物质磨损的现象，再先进的设备，若干年后也会老化成为落后设备。解决因物质磨损对设备造成的损害，使设备保持良好的状态，要依靠先进的设备管理职能去实现。然而，我国一些民航机场、空管中心存在部分设备老化、维护不当的现象。要依靠先进的管理手段去跟踪世界技术水平，并通过组织资金、人力与技术进行技术创新与更新改造来解决。所以，如果航空组织的管理水平落后，就会在保持现有航空设备良好技术状态和组织技术改造工作等方面，产生诸多矛盾，导致技术系统的管理失常与失控的管理波动现象。

3. 运输生产现场管理同技术装备之间的矛盾

航空运输生产现场管理受到人、机、货等多种因素的影响，如何使这些生产要素通过管理活动达到优化匹配，以适应现代航空技术装备的要求，关键在于管理目标的设定和管理手段的效率。如果民航组织管理体系中的各职能部门不以生产现场管理为主要服务目标，不能有效提供各种管理手段以保证安全生产活动有条不紊地进行，而是把管理的重心放在组织中层，放到职能部门中，将使基层的生产现场管理活动处处受制于职能部门的意志，出现生产过程失序、工艺路线混乱的管理波动现象。

4. 管理分工、协作同技术设备的矛盾

技术设备要由人去操作和管理，这就产生了人与人之间的分工与协作，这种分工与协作，不是主观随意决定的，必须按照现代技术设备及其运行规律的要求来实现。否则，就会产生人—人关系不协调，导致航空安全管理波动。

总之，要保证航空组织技术系统的稳定运行、高效利用和更新改造，就必须注意人—机关系的调整。如果不遵循技术系统的自身运行规律而采用一成不变的方法去管理现代化的航空技术设备，其结果是使技术系统优势不能充分发挥。同时，航空安全管理系统也由此发生波动，两者互为结果、相互依赖。

第三节　航空安全管理失误的原因

航空组织的正常运转，应是不同组织成员按照一定的规范而发生相互交往的过程。假如安全管理主体在工作中出现失误，则会使安全管理出现偏差，从而引发安全管理波动。例如，在安全管理行为中的职权交叉、越权及互不合作，以及过分情感化和经验化取向等，都会影响安全管理的功能发挥。

1988 年 1 月 18 日，中国西南航空公司一架伊尔 -18 型客机（机号为 222），从北京飞往重庆时，在距重庆 30 千米的上空，因机件失灵而坠毁，机上乘客和机组人员共 108 人全部遇难。

事故调查组根据对飞机失事现场和“黑匣子”的分析研究得出结论，因维修使用不当，222 号飞机的第 4 号发动机内发电机电枢内部绝缘失效，引起电枢线组短路，电枢后端出现高温烧蚀，电机起火，导致 4 号发动机坠落，使飞机操纵失灵，进而造成飞机剧烈震动而引发 1 号发动机停车，使飞机失去控制而坠毁。

由于北京机场不是本机场，加上迫于航班晚点的压力，这架飞机在北京检修时没有把故障完全排除，就匆忙上天。因此，这是一起严重的管理责任事故，虽然检修工作马虎是问题的关键，但其根源在于安全管理失误。一个半月之后，当时的国务院总理李鹏主持召开了国务院常务会议，重庆空难是议题之一。李鹏指出，事故原因已经查清，它暴露了有关部门存在着管理不善、规章制度不严、劳动纪律松弛、人员素质差，以及设备维修跟不上等问题，必须花大力气加以解决。

由此可见，造成安全管理失误的主要原因，一是安全管理主体的素质低下，安全意识淡薄和安全知识匮乏，或存在安全管理误区；二是安全管理体系存在缺陷，对安全管理主体行为监督不力；三是航空组织气氛的消极影响。

一、安全管理主体的素质缺陷

安全管理主体的素质缺陷，主要表现在安全意识不强。当经济压力增大时，航空安全常常与经济效益产生矛盾，而航空组织的管理层在大多数情况下会屈从于经济利益。

美国大多数大型航空公司的安全管理都有较大的安全裕度，因此根据航空市场变化进行调整后仍能达到安全标准，而不会造成大的事故。然而许多小航空公司没有较宽的安全裕度，因此经济压力可能使它们的管理工作只能勉强达到安全标准，甚至不能达到标准，从而无法保证航空安全。美国某航空公司因为在两年之内出现了 5 次大事故，政府对其进行了严格调查，发现该航空公司为了使更多的飞机准时离港而取消了两次飞行前检查。另外还发现曾经有 9 次飞机离港时所带的燃料不够飞到目的地的事件。由此可见，经济压力在这些管理失误中的确有不可小视的作用。航空组织的决策层必须坚持“安全第一”的理念和做法，航空安全决不能让步于经济压力。

从国内的情况来看，安全管理主体的素质缺陷是客观存在的。某航空公司的一架 MD-82 型飞机，在大连因发生故障延误航班近两小时之后，竟然瞒着 100 多名旅客带病冒险开往维修基地，然后让旅客在维修基地转换飞机再前往北京。该航空公司的算盘打得很精：反正飞机要去基地维修，派机来大连替换未免浪费油钱；若事先通知旅客飞机有故障尚未排除，必然有许多人要退票，公司将减少收入而蒙受损失。公司领导颇有“经济头脑”，他们非常看重眼前利益。然而，一旦发生航空事故则后果不堪设想，这种因小失大的算盘将会使航空公司信誉受损，人民生命和财产受到巨大伤害。

由于我国机场企业并未真正进入市场，在很多方面受国家保护，航空事故造成的重大损失与机场没有形成强烈的利害关系，因此“安全第一”的思想还未深入部分管理人员的内心。机场划归地方管理后，有些原地方领导进入机场领导层，使管理层的素质不能完全符合航空安全对管理人员的素质要求。

现代航空安全生产大系统如此复杂，几乎集合了现代科技的一切成果，涉及众多学科的知识。因此，必须提高航空安全管理人员素质，使之不但具有优秀的思想品德、熟练的技能，还具有丰富的科学知识和综合管理能力。

二、安全管理体系的内在缺陷

安全管理体系的内在缺陷，一是表现在管理体制不合理，系统内部关系不顺。例如，目前中国民用航空局在安全方面行使的行业管理对机场当局约束力不大，许多机场最关心的是对其经济方面发挥作用的上级主管部门，而忽视来自中国民用航空局、民航地区管理局以及市政府管理部门的安全文件及指令。

二是表现在安全管理组织的内部缺陷，比如组织结构设计不当、功能缺陷、管理流程不当等方面。由于组织本身内在的设计缺陷，组织中的人再怎么按标准、依程序进行管理，也不可能圆满地实现安全目标。

三是缺乏有效的控制体系、责任体系和监督体系，成为导致安全管理失误的关键。例如，国内某航空公司一架航班飞机上升至 9600 米，2 分钟后，与地区分管调度失去联系，区调执行了“失去通信联络程序”。机组没能及时察觉通信中断，后检查发现收听区调的频率改变时，才使用另一部甚高频设备与地区空管调度联系沟通，前后中断通信 26 分钟。这一不安全事件表明，机组在飞行中收听意识不强，没有及时发现机上使用的甚高频调频设备故障，造成跑频长达 26 分钟没有警觉和发现，造成严重差错。值得警惕的是，类似的航空安全隐患并不鲜见。从表面上看来，是当事人的个人差错，实质上反映出机组管理的失误，也反映出航空公司管理制度和监督体系的漏洞，导致基层安全责任不落实。

三、航空企业的组织气氛影响

组织气氛是指有关航空组织的工作任务、管理策略、领导风格、企业信条以及职工态度等一系列企业文化因素所构成的整体印象。每个航空组织都有自己独特的组织气氛。它对员工的动机、态度和行为都有明显的影响。组织气氛无处不在，上至公司的决策，下至每一个部门的具体行为都受其影响。例如，谁负责某架飞机、所使用的设备类型、用于操作或训练的软件或手册的选择、故障的处理意见以及部门之间的联系，都反映了组织气氛及与之相适应的航空运营环境。组织气氛既反映航空组织的企业文化，同时反映管理层在安全、效益、投资、基建和维修等方面进行权衡后所做出的决策质量及决策水平。这些决策不局限于具体的工作，而是在更高的层次上为安全制定的标准。

（一）组织气氛与航空安全

航空组织气氛与组织文化密切相关。当一个航空公司经过长时间发展而逐渐成熟后，它的一整套企业文化就会影响其所有决策的制定，也相应地会改变其组织气氛。然而，并非所有的航空公司都能在管理上体现出这种企业文化的变化并形成适宜的组织气氛。因循守旧、亦步亦趋的管理模式已经很难适应当今这样快节奏的时代。变化、合并以及竞争对现代航空公司的管理提出了新的挑战。

组织气氛反映了航空公司建立起来的政策体系及价值体系，并能够使航空公司中的每一个员工都感受到公司的规范和价值观。这些规范和价值观是通过一系列选择来表现的，包括对人员、目标、培训投资等方面的选择。这些明确的、高度透明的选择表达了航空公司在期望、价值和奖赏等方面的定位。一般情况下，航空公司利用广告等形式向公众提供有关自己组织气氛的信息，以期塑造良好的外部形象。而对公司员工来说，组织气氛的信息总是体现在日常工作中，并由决策层和管理层的一系列决定表现出来。

组织气氛对航空管理具有决定性的作用。美国一家航空公司的决策层，在某个驾驶员与另一个机组人员发生争吵后，听从医疗顾问的建议，让这名驾驶员停飞。该驾驶员在这一事件中所表现出来的行为具有很大的挑衅性，被 FAA 的心理专家描述为“顽固、自负、自私、好斗、盛气凌人，并且带有挑衅性”，但并非不能胜任此工作。以前如果发生类似的情况，该驾驶员最终可以拿回执照，但是在重视机组资源管理的时代，美国航空公司注重安全的组织气氛，认为决不能接受这种个性和行为倾向。如果不坚持让这名驾驶员停飞，航空公司可能为航空安全埋下隐患。

不健康的组织气氛会带来不利于飞行安全的气氛，容忍不安全行为则会使航空公司遭受严重的挫折。在美国某基地，当一架 B-52 飞机的驾驶员试图用这架巨大的飞机做横滚动作时，飞机失控坠毁。该驾驶员平时很受上司器重，由于自身的驾驶技能娴熟，且个性张扬，使他在飞行中经常做出危险动作，而且几名教官并未阻止他。事故真正的根源在于管理人员容忍驾驶员进行那种危险的动作，并营造一种不利于良好的飞行技术发展的组织气氛。

（二）组织气氛的基本类型

人力资源管理是航空组织管理的重要方面，政策的连续性会创造一种良性的气氛，在这种适宜的氛围中，员工对飞行安全的意见和建议将受到决策层和管理层的重视。观察组织气氛状况的一个有效方法就是考察对员工意见的处理情况。如果意见得到及时处理，则隐患就会很快被发现和排除；而如果这些信息被忽视，则问题将得不到及时解决。对于有关飞行安全的信息，具有不同组织气氛的航空公司会做出不同的反应（表 5-3 所示）。

根据对员工意见的不同反映情况，可将组织气氛分为三种类型：病态型、消极型和健康型。

表5-3　组织气氛的基本类型

病态型	消极型	健康型
隐瞒信息	信息可能被忽视	积极寻求信息
信息发现者被打击	信息发现者被默认	培训信息发现者
推诿责任	隐瞒责任	分担责任
问题发现被制止	能处理问题但不鼓励	问题的处理受到奖励
问题被掩盖	问题可能不会受到追究	问题会受到调查
新观点被压制	新观点引出问题	新观点受到欢迎

病态型组织气氛的特征是拒绝对信息做出响应，发现问题的人受压制；消极型组织气氛能对信息被动地做出反应，只应付问题本身，"头痛医头，脚痛医脚"，不做更进一步的工作；而健康型组织气氛则以积极的态度对待各种意见，并采取彻底的措施以消除安全隐患。

病态型组织气氛是任何一家航空公司都竭力想规避的，却不一定能做到；消极型组织气氛通常只能满足最基本的飞行安全标准，也不值得提倡；而健康型组织气氛不仅处理故障，还追查潜在问题，是最有利于航空安全的组织气氛。

美国联合航空公司的DC-9飞机由于指示灯故障，驾驶员为确认起落架是否放下并锁定，在波兰某机场上空环绕时用完了燃油。事后调查发现驾驶员所受训练较差，机组的协调和配合也出现失误。为纠正驾驶员普遍存在的问题，联合航空公司着手开展了"命令、领导及资源管理"课程。这种对潜在问题的积极响应就是一种典型的健康型组织气氛。

（三）组织气氛恶化的消极影响

航空公司的组织结构不合理，规章制度不健全或落实不到位；管理松懈，缺乏管理力度和有效的激励约束机制；管理者指挥、管理低效或失误；沟通不畅，人际关系紧张等，都可能产生消极的组织气氛，使组织成员的行为出现差错，从而导致航空事故或灾害的发生。此外，组织经营状况、人事安排、福利报酬、工作任务等方面的变化，会影响组织成员的思想、心理状态。工作人员的生理状况和工作条件，及其引起的心理波动或心理失衡，较易诱发航空事故或灾害。

航空公司组织气氛既受员工工作变化影响，也受公司机构调整的影响。在航空公司机构变化中，由于新部门、新人员或新设备的加入以及新工作的出现，即使管理层努力想为公司营造一种良好的组织气氛，也可能出现混乱局面，可能会使公司员工超负荷工作，从而可能诱发致命后果。

工作和机构的变化极易使航空公司的组织气氛变化，因为变化会增加员工的精神负担。不仅是驾驶员的精神负担对飞航安全至关重要，管理人员的精神负担也很重要。航空公司的变化使管理者的思想负担、工作负担过重，容易忽视相关的飞行安全信息。工作的变化表现为新工作的出现或旧工作的重组，当员工面临这些变化时，可能会变得不知所措。而当机构发生变化时，旧的规章制度不得不相应地做出调整。比如，在一航空公司合并中，工人罢工，许多职工辞职，给公司留下了难以应付的工作和负担，扰乱了航空公司正常的组织气氛。当时，一架福克28飞机在机翼结冰的情况下竟然试图起飞，结果发生坠毁事故。这虽然是驾驶员工作失误造成的，但问题的根源却是导致这种人为失误的混乱组织气氛。

超速发展也会导致航空公司负担的加剧和混乱局面的出现。当一种新机型加入公司机队中来的时候，会给航空公司造成巨大的压力，也给发生事故创造了条件。另外，劳资争议同样会恶化航空公司的组织气氛。1981年美国空中交通管制人员的罢工使众多航空公司处于非常困难的处境。幸亏FAA及时采取措施，使航空公司的组织气氛不至于继续恶化。由于劳资争议，澳大利亚航空公司的本国驾驶员罢工，组织气氛日益恶化。罢工结束后，劳资双方的隔阂仍不能完全消除，那些在罢工期间坚持工作或在事后顶替别人工作的驾驶员感到一种普遍的敌意；在罢工风波平息之后，很多问题仍然明显存在。

（四）组织气氛改善的积极影响

实践证明，组织气氛的改善会产生立竿见影的积极影响。

中国新华航空公司自1992年成立，先后挂靠于国家经济委员会、国家计划委员会。1998年，按照有关政策，与国家计划委员会“脱钩”并入神华集团。作为一家传统的国有企业，新华航空也存在着经营机制僵化、管理粗放等毛病，加上资金严重不足，负债率高达98%，使得经营上更是步履维艰，自运营以来一直亏损，组织气氛不佳。

2001年2月，新华航空与以经营管理机制最具特色而知名的海南航空公司合作重组，全面引入海航的经营机制，建立起现代企业制度，此后企业各个方面都处于历史上的最佳状态。新华航空改制的一项重要内容，是提高一线人员工资待遇。本着“向生产一线倾斜，提高专业技术岗位待遇，拉开级别档次，形成合理的激励机制”原则，飞行员的收入增加近3倍，机务人员收入也增加了50%。颇有特色的是飞行员的职业化，只要他能飞并且愿意飞，他可以飞到60岁退休。飞行员的职业化需要相应的组织机制的配合。最关键的是消除飞行员试图进机关的念头，通过提高待遇，让他安心飞行，让他不会想着跳槽、改行。公司取消了所有人的行政级别，对全员实行劳动合同制，而且大幅地压缩了机构。原来公司二级部门23个，改革后只剩下9个，而飞行、维修、运行、市场等主要部门不仅没有精简，还得到了充实。这一系列的改革，形成了良好的组织气氛，不仅提高了企业的经济效益，而且提高了安全管理的成效，减少了安全管理的失误。

正如新华航空公司执行总裁赵忠英所说：“中国航空公司的飞机是先进的，执行的标准也是和国际接轨的，但是我们的管理理念和手段却落后了。这与行业的先进性形成了一个矛盾。解决这个矛盾，行政手段不行，红头文件不行，单纯地做思想工作也不行，最终还是要依靠体制创新，依靠制度突破。”因此，只有深化民航企业体制改革，真正建立起现代企业制度，优化组织结构，理顺各种组织关系，健全落实各项规章管理制度，才能从根本上减少导致航空灾害的管理致灾因素，有效防范航空灾害。

（五）如何减少管理因素对航空安全工作的影响

航空安全是民航工作的永恒主题，而人是安全生产的主体，是保证安全的决定性因素。据有关机构对国内外民航飞行事故、差错进行统计发现，80% 以上的飞行事故差错与管理因素有关。为此，世界各国都在积极探索解决管理因素的途径。管理因素研究是涉及多学科的系统工程，从人—机—环境系统以及人与人之间各界面的协调，通过建立更加合理的人—机系统，达到防止事故差错发生、提高工作效率、保障安全生产的目的。

因此，要提高安全工作的管理水平，延长安全保障周期，就必须高度重视管理因素的作用。本节将从以下几个方面浅谈如何减少航空安全工作的管理因素影响。

1. 由“破窗理论”想到的

美国斯坦福大学心理学家詹巴斗曾进行过一项试验，将两辆一模一样的汽车摆放在不同位置，一辆摆在一个中产阶级社区，另一辆摆在相对杂乱的一个社区并将顶窗打开。结果不出一天，摆在相对杂乱的一个社区的车被人偷走，另外一辆摆了一周安然无恙。随后，詹巴斗用锤子把这辆车的玻璃砸了个大洞，结果几个小时后这辆车也不见了。

于是，政治学家威尔逊和犯罪学家凯林以这项实验为基础，提出“破窗理论”。如果有人打破一个建筑物的窗户玻璃，而这扇窗户又得不到及时的维修，别人就可能受到某些暗示，纵容他们去打破更多的窗户玻璃。久而久之，这些破窗就给人以无序的感觉，结果在这种公众麻木不仁的氛围中，事故和犯罪就会滋生、增长。

笔者认为，“破窗理论”不但揭示了社会生活中的一般现象，而且也深刻地诠释了航空“安全制度”的重要性，为我们落实规章制度、防范不安全事件与减少管理因素提供了有力的支持。

首先，“破窗实验”证明，汽车被盗，是由于“打开车窗玻璃”和“打破车窗玻璃”的无序状态是人为带来的。同样，航空安全制度的不落实也绝非无缘无故，其根本原因就在于有些员工擅自打破了“制度之窗”，致使制度落实出现“口子”和漏洞，组织上又未及时进行“堵塞”与“维修”而造成的。

其次，“破窗理论”说明，有序“窗户”的被打破是循序渐进的，同时，航空安全制度被“破窗”，也有一个由小到大的发展过程。平时不注意员工诸多小小的“破窗”之举或仅把“三到位”挂在嘴上，很少落实在行动上，不及时发现和制止个别员工的“破窗”行为，对其进行教育和处理，更不会去对已被打破的“窗口”进行“维修”。长此以往，不但效仿“破窗”的员工会多起来，而且安全制度的“口子”也会越来越大。这种制度不落实的发展过程，必然导致事故征候乃至事故的发生。

“破窗理论”深刻地告诉我们，减少管理因素需加强安全教育，需要做到以下几点：

①教育员工不做“破窗”人。航空企业要把落实安全制度的教育贯穿到安全生产的全过程及各个环节中去。通过教育要使大家站在行业高风险特点的高度，充分认清落实规章制度对确保航空安全的根本性、长期性和稳定性的重要作用，增强自觉性，养成按序行事、照章办事的习惯，不做“破窗”的第一人，也不效仿他人去“破窗”，形成全员、全方位、全过程、全天候落实安全制度的浓厚氛围。

②激励员工自觉做“补窗”人。人的思想认识、安全责任感、业务技术乃至设备状况等都可能成为直接影响制度落实的因素，稍不注意，就可能使制度出现“缺口”和漏洞，员工综合素质的提高有助于及时发现问题，及时“补窗”。此外，单位应建立奖励机制，以激励员工及时进行“补窗”，堵塞漏洞，把损失降到最小。

③安监部门做好防范“破窗”的监管人。对安全监察部门来讲，没有真正的监督，就没有真正的执行。监督是执行力的灵魂。不断地监督和跟进，能够有效暴露计划和实际行动之间的差距，有效纠正规章制度执行过程中的偏差。IBM 的 CEO 郭士纳提出：“人们不会做你希望的，只会做你检查的。因此，我们的做法是：发现哪个环节最薄弱，就制定相应的制度，反复督促检查，直至工做出现显著改进。”

2. 由执行力想到的

执行力这个看似简单的概念揭示了企业兴衰成败的深刻根源。长期以来，民航行业从领导到职工的工作习惯和思维模式都具有显著的国企特点，受业务量迅猛增长的冲击，内部诸多隐患逐一显露，如何贯穿执行力已迫在眉睫。

执行力概念最早提出时，对于员工，指的是“执行并完成任务的能力”，对于企业，指的是“执行并实现既定目标战略的能力”。执行力主要具有三个核心要素：企业愿景、核心价值观和战略目标。

清晰、独特、代表长远利益的企业愿景是员工自动自发、不断奋斗的精神依托，是企业持续发展的根本动力。

核心价值观是企业对自身存在价值的思考和总结，是员工共同的价值取向。

航空企业的核心价值应该是：为航班和旅客创造安全价值。部分员工对“安全第一”的理解停留在表面上，以为自己的工作只是为博得领导的认可，少数机关人员更是觉得安全与自己无关，没有意识到为一线服务就是在为安全服务，工作导向上与“安全”和一线的实际需求相脱离，使一线工作失去了有效支持。我们应引导大家逐步设立“关心一线、服务一线”的大局意识，2007 年在航管楼旁设立空管食堂，全面整修各室工作间、休息室，从外部环境上启动一个积极良好的心态，增强了员工的荣誉感和责任感。

不可否认，只有企业的每一个个体的执行力提升了，才能体现出执行力的优势。提高执行力的方法是：强化执行角色认知，增强执行意识，提高责任感。

在正常的工作中，员工按照相对固定的程序履行其职责，比如值班。这时，每一位员工都是一位执行者，一位良好素质的执行者，不仅应具有较强的业务技能和相应的思想品质，而且能够有效地完成各类生产任务。由此可见，执行者能否实现执行目标、能否在执行过程中充分展示自己的责任感和能力，首要的是能否充分认识自己在岗位上扮演的角色，不会因为岗位职责越清晰反而造成更多的局限性；或当遇到需要合作或部门协同的工作时，不会出现互相推诿的现象。

如果把岗位看成一个责任点，角色就是一个责任面，需要对执行过程责任点以外的许多问题负有责任感。岗位是一个相对固定的枢纽点，而角色则是将这些枢纽点串联起来的脉络。岗位职责告诉执行者做什么，而角色则告诉执行者应该用什么样的态度和方式去做。这就要求规章制度有对员工的岗位角色进行具体的描述和规范，即是要求将各岗位的“角色要求”写入规章制度，对确定岗位既有“职责要求”，又有“角色要求”，全面规范员工的行为，提高其责任感。

另外，完善执行流程，重点强化人员配置、业务运行、执行跟进三项核心流程。流程是执行的关键要素，流程畅通与否决定着执行的效能，我们在强化员工执行意识的同时，注重流程制度的建设，特别是人员配置、业务运行、执行跟进三大核心流程的改进。

3. 一点思考

随着航空安全管理建设的深入发展，我们越发强烈地感受到执行力（制度程序）与执行文化（思想观念）两个概念的区别与相互作用。一方面，制度与程序是推动文化建设的基础和保证，制度的执行会促进员工观念的转变，使“执行”逐渐成为习惯；另一方面，规章制度不可能面面俱到、“包治百病”，工作的许多方面、环节是制度作用不到位的，制度上留下的“空隙”，必须用“文化”去弥补。

首先，今后工作的方向应从它们的结合点入手，高起点、高标准地规范化管理工作与人为因素紧密地联系起来，研究分析如何在规范化工作中充分考虑到人为因素，如何将人为因素纳入规范化管理手册的方式加以确认，减少管理因素对航空安全的影响。

其次，规范化管理工作也需充分考虑人为因素，这需要首先研究人为因素到底在安全工作中产生什么样的隐患。在制定规范化管理手册时，从岗位职责的设定、工作流程的安排到设备的操作程序维护方法，从安全教育方式方法、安全检查的内容到人员的业务培训等方面制定相应的对策，从规章制度上正确处理、化解人—机—环境各界面之间的矛盾和问题，从制度上弥补和制约人的弱点。

最后，安全管理工作应该与规范化管理工作紧密结合起来，通过规范化管理工作来抓安全生产，实现规范化、科学化的安全管理，只有这样，安全工作才能真正落到实处。

资料：民用航空安全信息管理规定

中国民用航空局令

第 194 号

《民用航空安全信息管理规定》（CCAR-396-R2）已于 2009 年 8 月 19 日中国民用航空局局务会议通过，现予公布，自 2010 年 1 月 1 日起施行。

局长：李家祥

2009 年 11 月 23 日

民用航空安全信息管理规定

第一章 总则

第一条 为规范民用航空安全信息的报告、收集、分析和应用，实现安全信息共享，控制风险，消除隐患，预防民用航空事故，根据《中华人民共和国民用航空法》、《中华人民共和国安全生产法》和国家有关规定，制定本规定。

第二条 本规定适用于中国民用航空局（以下简称民航局）、中国民用航空地区管理局（以下简称民航地区管理局）、中国民用航空安全监督管理局（以下简称监管局）以及在中华人民共和国境内注册或者运行的民用航空企事业单位（以下简称企事业单位）和个人的民用航空安全信息管理。

第三条 本规定所称民用航空安全信息是指民用航空器事故（以下简称事故）、民用航空器事故征候（以下简称事故征候）以及其他与民用航空器运行有关的不安全事件信息。

第四条 本规定所称事故是指在航空器运行阶段或者在机场活动区内发生的与航空器有关的下列事件：

（一）人员死亡或者重伤；

（二）航空器报废或者严重损坏；

（三）航空器失踪或者处于无法接近的地方。

但下列情况除外：

（一）由于自然、自身或他人原因造成的人员伤亡；

（二）由于偷乘航空器藏匿在供旅客和机组使用区域外造成的人员伤亡。

第五条 本规定所称事故征候按《民用航空器事故征候》（民用航空行业标准 MH/T2001—2008）的定义和标准执行。

严重事故征候是指《民用航空器事故征候》中的运输严重事故征候；一般事故征候是指《民用航空器事故征候》中的运输航空事故征候、通用航空事故征候和航空器地面事故征候。

第六条 本规定所称其他不安全事件是指在航空器运行阶段或者在机场活动区内发生航空器损坏和人员受伤或者其他影响飞行安全的情况，但其严重程度未构成事故征候的事件。其他不安全事件样例由民航局另行制定。

第七条 民用航空安全信息工作实行统一管理、分级负责的原则。

民航局安全信息主管部门负责统一监督管理全行业航空安全信息工作，负责组织建立用于民用航空安全信息报告、存储、分析和发布的中国民用航空安全信息系统。

民航地区管理局和监管局负责监督管理本辖区航空安全信息工作，并应当定期分析本辖区的航空安全信息。

第八条 企事业单位负责管理本单位航空安全信息工作，并应当制定航空安全信息管理程序，建立本单位用于民用航空安全信息报告、存储、分析和发布的航空安全信息系统，定期分析本单位的航空安全信息。

第九条 局方及企事业单位应当指定专人负责安全信息工作，配置安全信息管理设备，保证安全信息管理所必需的资金投入。负责安全信息工作的人员应当具备以下条件:

（一）遵纪守法，恪守职业道德；

（二)具有一定的计算机操作技能，熟悉办公软件的使用，掌握信息系统的基本操作；

（三）熟悉民航相关业务或有两年以上的民航从业经验，了解信息分析的原理、步骤和方法；

（四）通过局方组织的行业基础安全培训，考核合格。

第十条 民航局支持相关机构建立中国民用航空安全自愿报告系统，鼓励企事业单位积极参与。

第十一条 民航局支持开展民用航空安全信息报告、收集、分析和应用的技术研究，对在民用航空安全信息管理工作中做出贡献的单位和个人，给予表彰和奖励。

第十二条 除事故信息外，事故征候和其他不安全事件信息中有关当事人的识别信息应当予以保护。

第十三条 民用航空安全信息应当按照规定报告，任何单位和个人不得瞒报、缓报或者谎报民用航空安全信息。

第二章 民用航空安全信息的报告

第十四条 事故信息的报告按照以下规定进行：

（一）事故发生后，事发相关单位应当立即向事发地监管局报告事故信息；事发地监管局收到事故信息后，应当立即报告事发地民航地区管理局，同时通报当地人民政府；事发地民航地区管理局收到事故信息后，应当立即报告民航局安全信息主管部门，并且在 2 小时内以文字形式上报有关事故情况。

在事故发生后12小时内，事发相关单位应当向事发地监管局填报“民用航空安全信息初始报告表”，并且抄报事发地民航地区管理局、事发相关单位所在地民航地区管理局以及民航局安全信息主管部门；事发地监管局应当立即将审核后的初始报告表上报事发地民航地区管理局；事发地民航地区管理局应当在事发后24小时内将审核后的初始报告表上报民航局安全信息主管部门。

事故信息上报应遵照逐级上报原则，必要时允许越级上报。事发相关单位不能因为信息不全而推迟上报“民用航空安全信息初始报告表”；在上报“民用航空安全信息初始报告表”后如果获得新的信息，应当及时补充报告。

（二）由民航局组织事故调查的，负责调查的单位应当在事故发生后12个月内填报“民用航空安全信息最终报告表”。由民航地区管理局组织事故调查的，负责调查的单位应当在事故发生后6个月内向民航局安全信息主管部门填报“民用航空安全信息最终报告表”。不能按期提交的，应当向接受报告的部门提交书面的情况说明。

第十五条　严重事故征候信息的报告按照以下规定进行。

（一）严重事故征候发生后，事发相关单位应当立即向事发地监管局报告严重事故征候信息；事发地监管局收到严重事故征候信息后，应当立即报告事发地民航地区管理局；事发地民航地区管理局收到严重事故征候信息后，应当立即报告民航局安全信息主管部门。

事发相关单位应当在事发后12小时内向事发地监管局填报“民用航空安全信息初始报告表”，并且抄报事发地民航地区管理局、事发相关单位所在地民航地区管理局以及民航局安全信息主管部门；事发地监管局应当立即将审核后的初始报告表上报事发地民航地区管理局；事发地民航地区管理局在事发后24小时内将审核后的初始报告表上报民航局安全信息主管部门。

严重事故征候信息上报应遵照逐级上报原则，必要时允许越级上报。事发相关单位上报“民用航空安全信息初始报告表”后如果获得新的信息，应当及时补充报告。

（二）负责调查的民航地区管理局应当在事发后30日内向民航局安全信息主管部门填报“民用航空安全信息最终报告表”。不能按期填报的，应当向民杭局安全信息主管部门提交书面的情况说明。

第十六条　一般事故征候信息的报告按照以下规定进行：

（一）一般事故征候发生后，事发相关单位应当立即向事发地监管局报告。事发地监管局收到一般事故征候信息后，应立即向事发地民航地区管理局报告。

事发相关单位应当在事发后24小时内向事发地监管局填报“民用航空安全信息初始报告表”；事发地监管局应当及时将审核后的初始报告表上报事发地民航地区管理局；

事发地民航地区管理局应当在事发后 48 小时内将审核后的初始报告表上报民航局安全信息主管部门。如事实简单，责任清楚，也可直接填报最终报告表。

一般事故征候信息上报应遵照逐级上报原则。事发相关单位上报“民用航空安全信息初始报告表”后如果获得新的信息，应当及时补充报告。

（二）负责调查的民航地区管理局应当在事发后 15 日内向民航局安全信息主管部门填报“民用航空安全信息最终报告表”。不能按期填报的，应当向民航局安全信息主管部门提交书面的情况说明。

第十七条　其他不安全事件信息的报告按照以下规定进行。

（一）其他不安全事件发生后，事发相关单位应当尽快向事发地监管局报告。事发地监管局收到其他不安全事件信息后，应立即向事发地民航地区管理局报告。

事发相关单位应当在事发后 24 小时内向事发地监管局填报“民用航空安全信息初始报告表”；事发地监管局应当及时将审核后的初始报告表上报事发地民航地区管理局；事发地民航地区管理局应当在事发后 48 小时内将审核后的初始报告表上报民航局安全信息主管部门。如事实简单，责任清楚，也可直接填报最终报告表。

其他不安全事件信息上报应遵照逐级上报原则。事发相关单位上报“民用航空安全信息初始报告表”后如果获得新的信息，应当及时补充报告。

（二）负责调查的民航地区管理局应当在事发后 15 日内向民航局安全信息主管部门填报“民用航空安全信息最终报告表”。不能按期填报的，应当向民航局安全信息主管部门提交书面的情况说明。

第十八条　在境外发生事故、严重事故征候、一般事故征候和其他不安全事件时，事发相关单位、所在地监管局和所在地民航地区管理局应当分别按照本规定第十四条、第十五条、第十六条和第十七条规定的时限和流程报告信息。

第十九条　外国航空公司在我国境内发生事故、严重事故征候、一般事故征候和其他不安全事件时，获得事件信息的单位应当分别按照本规定第十四条、第十五条、第十六条和第十七条规定的时限和流程填报“民用航空安全信息初始报告表”。负责调查的单位应当在事件调查结束后向民航局安全信息主管部门填报“民用航空安全信息最终报告表”。

第二十条　向局方举报与航空安全有关的事件按照以下规定进行处理：

（一）举报事件由被举报单位或者个人所在地的民航地区管理局或监管局负责调查。

（二）如果举报事件经调查构成事故、事故征候或其他不安全事件的，负责调查的单位应当在调查结束后 3 日内，向民航局安全信息主管部门填报“民用航空安全信息最终报告表”。

（三）举报人的合法权益受法律保护。严禁将举报情况透露给有可能对举报人产生不利后果的其他人员和单位。

第二十一条　各企事业单位和个人应当妥善保存与事故、事故征候、其他不安全事件以及举报事件有关的所有文本、影音、数据及其他资料。

第二十二条　初始报告表和最终报告表应当使用中国民用航空安全信息系统上报。当中国民用航空安全信息系统不可用时，可以使用其他方式上报；中国民航抗空安全信息系统恢复后，应当使用该系统补报。

第二十三条　向国务院安全生产主管部门报告民用航空安全信息，按照国务院的有关规定执行。

第二十四条　向国际民航组织和境外相关机构报告民用航空安全信息，按照以下规定执行：

（一）事故或严重事故征候发生后，民航局安全信息主管部门向登记国、运营人所在国、设计国、制造国和国际民航组织发出通知。通知内容包括事发时间和地点、运营人、航空器型别、国籍登记号、飞行过程、机组和旅客信息、人员伤亡情况、航空器受损情况和危险品载运情况等。

（二）事故调查结束后，民航局安全信息主管部门向国际民航组织送交一份事故调查最终报告副本。

（三）事故发生后 30 天内，民航局安全信息主管部门向国际民航组织提交初始报告表。事故调查结束后，民航局安全信息主管部门尽早将最终报告表提交国际民航组织。

《国际民用航空公约》附件 13 修正案颁布后，民航局将对其进行评估，决定采纳的，及时修订本规定；需要保留差异的，及时将差异通报国际民航组织。

第三章　民用航空安全信息的发布和归档

第二十五条　民航局负责对外发布全行业的民用航空安全信息；民航地区管理局根据民航局授权对外发布民用航空安全信息。

第二十六条　民用航空安全信息发布分为定期信息发布和紧急事件信息发布。

（一）定期信息发布内容包括事故、事故征候、其他不安全事件的统计数据。

（二）紧急事件信息发布内容是特定事故、事故征候和其他不安全事件的情况，包括事故或事件发生的基本情况、人员伤亡、事件处理和采取的措施。

第二十七条　民航局安全信息主管部门在收到事故、事故征候以及其他不安全事件信息后的 48 小时内，在民航行业内部公布事故、事故征候以及其他不安全事件信息，并定期在行业内部公布事故、事故征候以及其他不安全事件信息的统计分析报告。

第二十八条　组织事故、事故征候以及其他不安全事件调查的部门负责对调查的文件、资料、证据等进行审核、整理和保存。

第二十九条　民航局安全信息主管部门根据民用航空安全信息分析结果适时发布

《航空安全指令》、《航空安全通告》和《航空安全信息》。

第三十条　民用航空安全信息的发布应当遵守国家和民航局的有关规定，不得损害国家利益。

第三十一条　局方鼓励和支持企事业单位之间共享安全信息。

第四章　法律责任

第三十二条　企事业单位违反本规定第九条，情节严重的，由所在地民航地区管理局给予警告，并视情节轻重处以三万元以下罚款。

第三十四条　民航地区管理局、监管局违反本规定第十四条、第十五条、第十六条、第十七条、第十八条、第十九条或第二十条，由民航局责令其改正；情节严重的，对直接负责的主管人员和其他直接责任人员依法给予行政处分。

第三十五条　企事业单位或个人违反本规定第二十一条，由所在地民航地区管理局责令其改正，情节严重的，给予警告，并处以三万元以下罚款。

第三十六条　受局方委托负责组织不安全事件调查的单位违反本规定第二十八条，由民航局或民航地区管理局给予警告；情节严重的，并处以三万元以下罚款。

局方负责组织不安全事件调查，违反本规定第二十八条的，由上级部门予以纠正；情节严重的，对直接负责的主管人员和其他直接责任人员依法给予行政处分。

第三十七条　任何单位或个人违反本规定第三十条，由民航局或民航地区管理局依法处理，构成犯罪的，依法追究有关单位或个人的刑事责任。

第五章　附则

第三十八条　本规定涉及相关定义如下：

（一）本规定所称局方是指包括民航局、民航地区管理局以及监管局在内的民航主管部门。

（二）本规定所称企事业单位是指与航空器运行和保障有关的飞行、维修、空中交通管理、机场和油料等单位。

（三）本规定所称事发相关单位是指与所发生事件有关的航空器运营人（含分、子公司）和航空运行保障单位。

（四）本规定所称航空器运行阶段是指从任何人登上航空器准备飞行直至飞行结束这类人员下了航空器为止的过程。

（五）本规定所称机场活动区指机场内用于航空器起飞、着陆以及与此有关的地面活动区域，包括跑道、滑行道和机坪。

第三十九条　涉及中国香港、澳门特别行政区，中国台湾地区的民航安全信息管理，参照国家有关法律、法规和国际公约执行。

第四十条　“民用航空安全信息初始报告表”和“民用航空安全信息最终报告表”由民航局另行制定。

第四十一条　本规定自 2010 年 1 月 1 日起施行。

民航总局 2005 年 3 月 7 日公布的《民用航空安全信息管理规定》（民航总局令第 143 号）和民航总局 2007 年 3 月 15 日公布的《中国民用航空总局关于修订〈民用航空安全信息管理规定〉的决定》（民航总局令第 180 号）自施行之日起废止。

（1）通过对人为致灾因素、飞机设备致灾因素和环境致灾因素的分析，可以发现造成航空灾害的关键因素，实际上是航空组织安全管理波动和安全管理失误的作用。对各因素的分析有各自不同的相互关系重点。其中，驾驶员操纵、判断因素主要涉及人—机—环境关系；维修人员因素主要涉及人—机关系；空管人员及航空组织的管理则主要涉及人—人关系。当然，人—机—环境系统所需考虑的因素还包括其他许多方面，如人—机关系方面涉及的人—机界面的设计。这些关系的失调，是导致航空灾害的根源，只有从管理角度进行协调和控制，才能有效地防范航空灾难。

（2）航空公司最容易出漏洞的安全管理环节依次为机组管理、机务维修管理、飞行安全管理、高层安全管理决策、信息安全管理、安全监察和航行安全管理等。

（3）民航机场最容易出漏洞的安全管理环节依次为对重点岗位人员的安全监督、旅客登机安全检查、信息安全管理、机场设施管理和道场安全管理等。

（4）航空组织外部影响因素主要包括社会环境、自然环境、航空组织发展战略及信息技术等，都会对航空安全管理产生影响，造成一定程度上的航空安全管理波动。

（5）航空管理组织的运行，首先反映为组织中人和人的交往关系。通过人和人的和有目的的、有秩序的交往活动，才能实施完成安全管理活动，所以航空安全管理波动的内部原因，主要反映为人—人关系的失衡状态，其次是人—机关系的失衡状态。

第六章 环境因素与航空安全管理

环境因素指影响航空安全运行的社会环境、自然环境和人工环境等。航空安全生产系统的作业场所跨省跨国跨洋，点多线长面广。飞行的自然环境主要指飞行地带和空域、航路及其周围的地形地貌、山丘和河川以及大气物理现象；飞行的人工环境主要指飞行场所的机场、航路、通信、导航、灯光、标志以及保障飞行安全生产的各种固定设施和物体。管理体制、运行机制和规章制度也可以归为人工环境，但这些要素作用于人—机—环境系统，而不直接作用于航空灾害，其效果通过人—机—环境系统及时或延期表现出来，故另行分析。

第一节 社会环境因素

我国民航从业人员认为对航空安全影响最大的社会环境因素首先是民航体制改革，其次是恐怖主义，最后依次为市场竞争激烈、民航发展速度、国家政策法规、国际关系及国际相关法规等，如表 6-1 所示。

表6–1 影响航空安全的社会环境因素

结果排序	影响航空安全的社会环境因素	百分比%	调研项目编号
1	民航体制改革	69.20%	1
2	恐怖主义	46.01%	4
3	市场竞争激烈	35.74%	6
4	民航发展速度	34.60%	3
5	国家政策法规	20.91%	2
6	国际关系	4.56%	5
7	国际相关法规	3.80%	7
8	其他	2.28%	8

一、政治环境因素

政治环境全方位地影响着整个世界，也影响着航空安全，并存在一些可能导致航空灾害的因素。

（一）政治局势动荡

一个国家是否政局稳定，直接影响着民航业和航空企业的发展，影响着人们的社会文化生活。统计资料表明，我国民航发展史上有三次事故高峰期，其中两次都与当时的社会状况有关。政局不稳定，造成了人们的思想波动和管理混乱，是重要的致灾因素。

（二）政策法规影响

相关政策法规也会对航空安全产生影响。例如，国际上的有关法律和条约，使劫机犯得不到政治庇护，从而有效地减少了个人的空中劫持行为。20 世纪 80 年代，大陆有刑事犯劫机去台湾，台湾当局出于政治目的予以“优待”，结果造成劫机去台湾的事件频发，两岸达成互相遣返劫机犯的协议之后，劫机去台湾的事件迅速减少。

（三）非法干涉破坏

由于世界各国政治、经济发展不平衡，国际社会存在着种种矛盾和冲突，使民航飞机成为以政治为目的的个人或恐怖组织的威胁工具或攻击目标。多年来，非法干涉破坏导致了大量的航空灾害，危害巨大。

1. 空中劫持

从 20 世纪 60 年代中期开始，解放巴勒斯坦人民阵线把劫机作为政治武器。恐怖行动一直针对国家挂旗航空公司进行袭击，几年来，航空运输业安保系统面临着恐怖组织的严峻挑战。1994 年之后的 5 年间，出于政治目的的劫机事件曾一度中断。然而 1999 年 12 月，印度航空公司客机被劫持事件中，劫机犯杀害 1 名旅客后要求释放关押在印度监狱中的克什米尔伊斯兰教原教旨主义游击队员。印度被迫释放了 3 名游击队员，劫机犯获得了一辆汽车后迅速逃离。这起事件使劫机犯觉得有机可乘，在一定程度上助长了恐怖分子劫机以乘客为人质的倾向。自从恐怖分子以劫机作为实现政治目的的手段以来，劫机事件愈演愈烈。

2. 人为破坏

社会上有些反政府、反社会倾向的极端分子，出于种种动机在飞机上安放炸弹，造成人为破坏导致的航空灾难。人为破坏有时与劫机是联系在一起的。初期的劫机并不伤害旅客，只是在着陆后炸毁飞机，后来发展到在飞行的飞机中放置炸弹，最严重的情况就是以满载旅客的飞机作为“炸弹”攻击高层建筑物，如骇人听闻的“9 · 11”事件。

3. 违法行为

旅客携带易燃、易爆等危险品，接听手机，擅自打开舱门，打架等违法行为，都可能成为致灾因素。

（四）军事力量攻击

1. 军方误伤

民航飞机被军方误伤的主要原因，一是机组管理失误，如过分接近战场或航线确定失误，二是军方识别错误。例如，1988 年 7 月 3 日，美国军舰“文森斯”号在霍尔木兹海峡用导弹误击伊朗民航空中客车 A300，导致机上 290 人全部遇难。

2001 年 10 月 4 日，俄罗斯西伯航空公司一架图 -154 飞机在执行由以色列特拉维夫飞往俄罗斯新西伯利亚客运包机飞行任务时，在靠近俄罗斯阿德列尔的黑海上空，被乌克兰在军事演习中发出的一枚地空导弹击落坠海，机上 12 名机组人员和 66 名旅客全部遇难。这架图 -154 飞机是在演习区外计划中的航线飞行时被击落的。民航飞机被军方误伤后，尽管肇事者最后总是有种种冠冕堂皇的理由，但众多的无辜者却因此而失去了宝贵的生命。

2. 拦截失当

拦截是受命于国家的军用飞机将未经许可进入本国领空的外国航空器或不明国籍航空器驱逐出境或迫令其在本国机场着陆进行检查的合法行为。尽管国际民航组织对拦截做出了有关规定，缔约国也清楚拦截不是攻击，但拦截失当的悲剧仍然会发生。1983 年，韩国航空公司的一架波音 747 客机因偏航误入苏联领空，被苏联军用飞机拦截并击毁后坠入大海，机上 240 名旅客和 29 名机组人员无一生还。

二、经济环境因素

（一）经济体制改革

1985—1993 年是我国民航史上第三次事故高峰期，这一时期，正是我国民航体制改革的时期。民航体制改革是我国民航发展的必由之路，在促进民航企业发展的同时，也带来了一些负面影响，如原有的行政关系必然改变，大量的人事变动使员工形成思想波动，进而影响到工作效果。此外，民航管理体制实行政企分开后，民航体系分为航空公司、机场、空管、油料等实体，它们自主经营，进行市场竞争，出现了经济利益的冲突。机场划归地方管理，有些原地方领导进入机场领导层，不了解民航工作性质，认为机场不直接管飞机，安全责任不大，甚至人事干部不了解民航专业工种，对机场专业工作岗位从机构设置到人员编制都不能正常配备。一旦民航企业完全进入市场经济，航空企业的安全问题会更加尖锐。

（二）市场竞争激烈

随着航空市场竞争日益激烈，导致国内航空公司争夺客源和货源，纷纷开通“红眼航班”。当经济效益和安全冲突时，有的领导往往以经济利益为重心，导致漠视安全的短期行为；有的航空企业为了降低成本，减员增效，减少安全管理人员、机务维修人员等关键岗位人员，聘用劳务工过多，压缩培训费用，延长设备使用和维修周期。这些对市场竞争不良应对的“高招”，严重威胁着航空安全。

（三）经济发展水平

一个国家的经济环境直接影响着民航业的发展，影响着民航的基础设施建设和技术水平。1987—1996 年，西方国家制造的大喷气机事故率（每百万架次）最低的地区和国家有北美洲（0.5）、欧洲（0.9）、日本（0.6）和澳大利亚（0.2）。首先是非洲的事故率最高（13.0），是美国的 26 倍，世界平均事故率的 8.67 倍；其次是南美洲（5.7）、东南亚（3.8）。由此可见，一个地区和国家的经济发展水平与航空事故率具有一定的关系。

以飞机进近事故为例，根据对世界重大进近着陆事故的统计分析，拉丁美洲、非洲的每百万降落架次发生事故次数名列前茅，而北美洲、欧洲最低。除了机场的自然环境，机场人工环境对航空安全的影响作用很大。人工环境包括进近着陆灯、标准进近航道、进近着陆雷达、目标进近下滑道指示器、精确进近着陆航道显示器、航站自动情报服务系统和飞行气象情报系统等。经济落后的国家，机场的人工环境较差，会在一定程度上对航空安全造成威胁。相对而言，我国事故多发机场除了地形和气象条件复杂，不少机场的进近着陆设备和服务设施较差，这与当地经济发展水平有一定的关系。不过，近 20 年来，我国的航空事故万时率呈递减趋势，充分说明了经济的发展对航空安全具有促进作用。

第二节　自然环境因素

航空安全生产系统必须考虑自然环境中地形、地貌、风雨、雷电、温度等因素对安全生产的影响。大雾、大雪、冻雨、大雨、雷暴、大风、风切变、低云、沙尘暴、冰雹、高温等自然变化，一般被认为是人力难以改变的，甚至是人力难以抵抗的力量。因此，航空安全生产具有一定的不确定性。航空灾害的发生，往往与人类认识自然、掌握自然及利用自然不力有关。必须充分注意自然环境中各种因素对安全生产的影响，加强和发挥安全生产体系的整体功能。

一、天气条件恶劣

恶劣天气条件是一种客观的自然环境因素，它包括风切变、雷暴、飞机地面结冰、飞行结冰、颠簸、积雨云和低云、高温天气、跑道污染及火山灰等。

民航从业人员认为对航空安全影响较大的天气、环境因素是风切变、雷雨，其余依次为鸟害、大雾、沙尘暴和机场净空等，如表 6-2 所示。

表6-2 影响航空安全的天气环境因素

结果排序	影响航空安全的天气环境因素	百分比 /%	调研项目编号
1	风切变	82.13%	3
2	雷雨	79.85%	5
3	鸟害	27.38%	2
4	大雪	23.10%	6
5	沙尘暴	16.35%	4
6	机场净空	10.65%	1

从近年来的事故统计数据来看，我国航空公司因天气原因直接导致的事故只有一次，但在飞行机组原因造成的事故中，曾有多次是在恶劣天气条件下发生的。在运输飞行事故中，涉及雷雨、风切变、结冰等恶劣天气的事件占 11.10%。对我国航空公司 1949—1999 年的 38 次航空公司交通灾害（不含通用航空公司）按月份统计发现，1 月、11 月和 12 月是事故高发期，这说明冬季的气候条件与航空灾害具有一定的相关性。此外云、雾、降水、烟、风沙和浮尘等现象，都可使能见度降低，当机场的水平和倾斜能见度降低到临界值以下而造成视程障碍时，飞机的起飞和着陆就会遇到困难。

（一）风切变

风切变是指相邻（上下或左右）两部分空气间的风向和风速都有显著差异的现象。风切变是风的不连续性造成的，具有时间短、尺度小、强度大的特点。大约 20% 的航空事故与风切变有关。根据风场的空间结构不同，风切变分为水平风的垂直切变、水平风的水平切变和垂直风的切变。低空的风切变通常发生在 600 米高度以内，即飞机的起飞和着陆飞行阶段。雷暴等不稳定的强对流天气、锋面过渡带和低空逆温层，是最易产生低空风切变的天气背景和环境，机场周围山脉较多或复杂地形也是风切变形成的诱因。机场上空的风切变风向、风速突然发生急剧变化，会使驾驶员难以控制航速和航向以保持机身平衡，容易造成航空事故。1994 年 7 月 2 日，风切变导致美国合众国航空公司的一架 DC-9-31 飞机坠毁，造成机上 57 人中 37 人死亡。

（二）雷雨

雷雨是在强烈垂直发展的积雨云内所产生的一种剧烈天气现象，它发生时电闪雷鸣，并伴有疾风骤雨和强烈的湍流，有时还会夹杂着冰雹。如果飞机不慎进入积雨云中，强烈的气流会造成飞机中度以上颠簸，如果极为强烈的话，可以使飞机的飞行高度在瞬间上升或下降几十米甚至几百米，剧烈震动时飞机上的仪表指示往往滞后，不能准确地反映飞机瞬间的飞行状态，如果飞行员的操作稍有不慎，飞行事故便可能发生。同时，积雨云中的雷电对飞机的威胁更大，轻则无线电罗盘失灵、电源损坏，重则机毁人亡。1997 年 10 月 10 日，阿根廷一架 DC-9-32 飞机在飞行途中遭遇强烈的雷电袭击，飞机在避开雷暴和剧烈的湍流时失控坠毁，造成机上 74 人全部遇难。

（三）大雾

机场的能见度对飞行安全至关重要。大雾天气地面能见度太低，使飞机无法正常起降。飞机是高速行驶的交通工具，若飞行人员在决断高度和范围时看不清跑道，飞机则无法着陆，甚至可能与地面建筑物相撞。

（四）云

机场上空高度较低的云会使飞行员看不清跑道，直接影响飞机的起降。其中，危害最大的云是对流云，飞机一旦进入其中，易遭到电击，使仪表失灵，油箱爆炸，或者造成强烈颠簸、结冰，使操纵失灵，发生飞行事故。

（五）吹雪

吹雪也是造成机场低能见度的因素。当地面有积雪，强风将积雪吹起飞舞在近地面空中，使得能见度小于 10 千米。如果雪片被风吹起，高度超过 2 米，称为高吹雪；如果高度不超过 2 米，称为低吹雪。

（六）结冰

飞机结冰是指飞机机体表面某些部位聚集冰层的现象。它主要由云中过冷水滴或降水中的过冷雨碰到飞机机体后结冰形成，也可由水汽直接在机体表面凝结而成。飞机结冰会使飞机的空气动力性能变坏，使飞机的升力减小，阻力增大，影响飞机的安全性和操作性。在旋翼和螺旋桨叶上结冰，会造成飞机剧烈颤动；发动机进气道结冰，可能会损坏飞机；风挡结冰，妨碍目视飞行；天线结冰，影响通信或造成通信中断。机翼结冰严重威胁飞行安全，造成了多起重大事故。

（七）地形波

地形波是气流经过山区时受地形影响而形成的波状运动。气流较强时运动也比较强烈。根据气流和风的垂直分布，地形波可分为层流、定常涡动流、波状流和滚转状流等 4 种类型。地形波中的垂直气流可使飞机的飞行高度突然下降，严重的可造成撞山事故；地形波中强烈的湍流，可造成飞机颠簸；在地形波中垂直加速度较大的地方，可使飞机的气压高度表的指示产生误差，当飞机在机场附近低空飞行时，更容易发生航空事故。

（八）气温和气压

气温和气压影响飞机起飞和着陆时的滑跑距离，影响飞机的升限和载重以及燃料的消耗。专家指出，飞机的准确落地和高空飞行离不开场压和标准大气压，而气温对飞机的载重和起飞、降落过程的滑跑距离影响较大。随着气温的升高，空气的密度变小，飞机产生的升力变小，飞机载重减少，同时使起飞滑跑距离变长。

此外，风沙、浮尘等也会造成机场的低能见度，直接影响着飞机的安全起降。

二、地理环境复杂

机场的地理位置对航空器的安全起降非常重要。机场位于地理环境较复杂的地带，如机场周围有高地、山脉等，航空器发生事故的可能性会更大。

统计得出，我国下列机场附近曾发生了 2 次或 2 次以上航空灾害：重庆白市驿机场 4 次；乌鲁木齐机场 2 次；昆明机场 2 次；贵阳磊庄机场 2 次；沈阳东塔机场 2 次；长沙大托铺机场 2 次；桂林奇峰岭机场 2 次。这些机场大多具有较复杂的地形和气象条件，有些机场进近着陆设备和服务设施较差，有些机场几方面的隐患都有。

2002 年，中国国际航空公司的 CA129 号航班飞进韩国领空。当时天气不好，大雾弥漫，班机遇上一阵阵气流，颠簸得很厉害。飞机预计上午 10 时 30 分在韩国釜山金海机场降落。飞机要从跑道南端着陆，但在降落中，突然刮起强烈的西南风使飞机无法找到降落时机。飞机重新飞到跑道北端准备降落。机舱内，乘客们都按照广播要求系好安全带端坐在座位上。突然，飞机撞到了山上，机尾部舱壁粉碎飞散，空难的悲剧发生了。尽管事故原因多种多样，但大雾和气流，以及机场附近的地形条件，是部分致灾原因。金海机场的地形复杂，跑道北侧 4.5 千米处就是海拔 300~900 米的高低错落的山峰，南侧面向大海。若再加上飞机起降过程中遭遇较恶劣的气象条件，容易发生航空灾害。

第三节　人工环境因素

人工环境涉及机场、航路及通信、导航、雷达等设施的设计配置。不良的人工环境与其他致灾因素相互作用，会导致航空灾害的发生。

一、机场环境因素

航空器整个飞行过程中，进近着陆阶段和起飞阶段是最容易发生事故的阶段，其中进近着陆阶段被航空运输界称为“航空杀手”，在众多致灾因素中，机场环境因素尽管不是主要因素，但这些因素却构成了航空事故链中的重要一环。

（一）鸟害

鸟害是指飞机飞行过程中与飞行中的鸟类发生相撞，引起飞机机械损伤、飞机动力装置受损、失去动力，进一步引发飞机失去控制，在起飞和进近着陆阶段造成起飞中断、偏出 / 冲出跑道，甚至造成航空器坠毁的严重事故。鸟击事故较多发生在机场附近的 600 米高度以下的空域，飞鸟或者突然被吸入发动机，造成发动机损坏甚至停止工作；或者撞击飞机驾驶舱的玻璃，直接影响飞行员的工作；还有飞鸟会撞进飞机的起落架，使起落架工作失灵。鸟击飞机、撞坏飞机雷达天线罩、阻塞飞机起落架以及鸟被风扇和涡轮切碎吸入发动机等都会对飞机造成不同程度的损害，甚至造成机毁人亡的事故。

1993 年，国际民航组织的 41 个成员国共发生鸟击飞机事故 3427 起。全世界民航运输业每年因鸟击飞机大约造成 1300 台发动机毁坏。1995 年 9 月 22 日，美国一架波音 707 飞机在起飞抬前轮时撞上一群加拿大鹅，造成 2 台发动机毁坏，飞机坠毁，机上 24 人全部遇难；2000 年 4 月 19 日，中央非洲航空公司一架安 -8 飞机起飞后不久一台发动机遭到鸟击。飞机在返回机场时没有能够保持住高度而坠毁。机上 20 名旅客和 4 名机组人员全部遇难。

我国不少机场附近发生过鸟击飞机现象多起，造成了不安全事件甚至事故。由此可见，鸟害是非常严重的致灾因素。

（二）机场净空

机场净空是指按照国际民航组织规定，以机场为中心，在半径为 15 千米的范围以内，制定的对建筑物高度限制的飞行空间。机场净空是机场的生命线，是保障航班安全的基本适航条件。机场净空影响到机场的天气标准，机场净空条件好，天气标准就低；反之，机场净空条件差，天气标准就提高，航空器的起降变得复杂，飞行事故随时都可能发生。

（三）场道条件

1. 障碍物

场道两端有障碍物，如停放的车辆、航空器、其他设备、行进和滞留的人员、牲畜等没有在规定安全范围内，致使航空器起降时有撞上障碍物的可能性。

2. 道面清洁

道面有金属物、石子、纸屑、树枝等杂物没有被清理掉，在航空器起降时，容易被吸入发动机或其他部位，轻则造成机身划伤，重则破坏航空器动力系统，造成严重事故。

3. 道面强度

跑道使用时间较长，经冰冻或水泡，容易造成道面强度不够，如不及时修复，就会成为安全隐患。

4. 道面积水、积冰

不及时清理道面积水或积冰会降低跑道的摩擦系数，航空器在滑行时容易冲出跑道。飞机在湿跑道和积水跑道上着陆时，经常发生滑水事故。大多数的滑水事故是由于跑道结构不好或跑道设计错误造成的。

（四）助航灯光

机场助航灯光系统由进近灯光系统、跑道灯光系统和滑行道灯光系统组成，各具有不同的功能和作用。下滑灯属于进近灯光系统，在跑道两边各一路，对飞机进近和着陆起着关键的作用，是飞机降落的引导标示。如果机场没有导航灯，将直接导致夜航无法保障，对航空安全构成极大的威胁。

（五）飞行物干扰

机场一般位于城市郊区，周边是空阔的地带，有些人喜欢到机场附近放风筝，飞翔的风筝干扰了驾驶员的视线，影响飞机的安全起降；若风筝被卷入发动机，航空事故甚至灾害的发生将难以避免。此外，气球对安全飞行的危险也很大。

（六）烟雾

很多机场的周边是农村，农民可能在机场附近燃烧秸秆、稻草、树叶等，燃烧时产生的滚滚浓烟会降低机场周围的能见度，形成安全事故隐患。

（七）鞭炮、烟花

如果有人在机场周围燃放鞭炮和烟花，在夜晚降落的航班，将无法区分机场地面导航塔的灯光和焰火的火光，导致飞机难以安全降落。

二、空中管制环境因素

（一）航路空域环境

航线设计不合理、空域管理不当、空中交通流量过大，都会对航空安全产生影响。

（二）通信导航环境

通信环境差，如通信设备落后或出现故障、信号干扰导致信息失真、通信中断等，可能会成为致灾因素。例如，某区域雷达发生故障（只能收，不能发），5分钟后雷达死机。使得4架飞机盘旋等待，1架备降，3架地面等待，造成了一起不安全事件。

（三）空中交通冲突

空中交通活动相互占用或相互作用特定飞行安全保护空间的情况被称为空中交通冲突。空中交通冲突直接威胁着空中交通活动的安全。具有多种冲突形式，不同的冲突形式对应着不同的空中交通危险等级。

依据空中交通活动所在的多维空间特性，冲突情况可以分为下列不同的几何形态：

（1）空中交通垂直冲突。它是指在不符合水平间隔标准（或时间间隔标准）的情况下，空中交通活动之间的小于或即将小于垂直间隔标准的情况。

（2）空中交通水平冲突。它是指在不符合垂直间隔标准的情况下，空中交通活动之间的水平方向上所存在的小于或即将小于水平间隔（纵向或横向）的情况。

（3）空中交通时间冲突。时间间隔通常是水平间隔的另一种非精密表达方式，它是指空中交通活动之间在不符合垂直间隔的情况下，小于或即将小于规定时间间隔的冲突情况。

空中交通冲突处理是现代空中交通管理的重要环节。处理冲突应根据空中交通的发生可能和发展趋势，采用不同的冲突处理方法。

第四节　飞行工作环境因素

飞行工作环境因素是影响机组行为失误的外因，是造成航空灾害的间接原因。飞行工作环境因素涉及的方面较多，这里主要从两个方面进行分析。

一、时间压力的影响

统计资料表明，有相当数量的飞行事故是由于飞行员的时间分配和管理不合理，造成时间压力而导致的。飞行员一旦对时间管理出现异常，便可能进入高应激状态和高工作负荷状态，进而引发事故。

航班大部分飞行阶段都采用了精心设计的标准程序，如起飞前检查单、请示起飞许可等一系列的项目和动作。但在飞行前阶段则不然，飞行员需要查看飞行计划、气象信息，同时要注意燃油装载、派遣单与放行、飞机维护和最低设备清单项目等。所有这些工作都在很短的时间内进行，因此飞行员常常因为怕航班晚点而感到时间紧迫，压力很大。在进近着陆阶段，尽管大多数工作和计划是程序设计好的，但盘旋等待、复长、天气突变等现象却是临时出现的，容易使飞行员感到焦虑不安，更会给那些飞行准备不充分、经验很少或心理承受能力差的飞行员带来沉重的心理压力。

时间压力的影响因素可分为自我因素和环境因素两类。自我因素往往会导致自我时间压力，指由于飞行准备不充分或工作安排、时间分配不合理而造成的飞行员主观上的时间紧迫感。环境时间压力是指由于外部环境和条件带给飞行员的时间紧迫感，它是客观存在的。环境时间压力在飞行中表现很频繁。例如，不良的气象条件、飞行计划安排太紧、飞机故障、空域拥挤、等待旅客或货物等。环境时间压力与自我时间压力往往相伴而生，它们相互作用的后果是使飞行员进入高应激状态，判断、决策能力和操纵能力严重下降，很可能导致事故征候或事故。

二、工作负荷的影响

工作负荷与飞行事故关系密切，工作负荷过高或过低，都会对飞行员的行为产生不良影响，导致错误率的增大，从而诱发飞行事故。

高负荷的工作条件会对飞行员的身体和心理造成极大压力，当工作负荷超过了飞行员的工作能力极限时就会引发飞行事故。在“起飞、爬升”“进近、着陆”的前后两分钟内，机场区域1.5千米范围内的特殊飞行阶段中，由于驾驶员的操纵增多，工作负荷大，是极易增加驾驶员出错的阶段。飞机着陆阶段的事故率占43.4%，高居整个飞行过程事故率之首，其主要原因正是由于飞行员操纵工作量的激增和长途飞行的疲劳，形成飞行阶段中最高的工作负荷。

机载设备的自动化程度增高，造成工作负荷过低，随之而来的飞行员新型差错，是造成航空灾害的重要原因之一。随着自动化技术的应用，驾驶员操纵飞机的方法发生了极大变化。飞行员不仅是操纵员，而且是系统监督员和管理员。自动化技术有许多优点，但大量新设备的使用、多功能的仪表和复杂的信号都给飞行员带来了新的问题。

第七章　航空安保的风险管理

风险管理就是通过管理活动来控制航空安保的风险程度，避免灾害的发生。而一旦风险管理失效而致使危害后果发生，则需要通过危机管理活动来最大限度地控制和降低损害结果。本章我们将重点讨论航空安保的风险管理，在下一章专题讨论航空安保的危机管理。

第一节　航空安保风险的结构

一、包括安保在内的任何安全工作的核心职能，都是“风险管理”

风险（Risk），是我们日常生活中经常提到的一个词语，通俗的理解就是：可能出现的不好的，或者我们不愿意看到的某种后果的可能性。显然，风险不是已经发生或正在发生的不良事件、结果，而是我们对不良结果的预先判断。判断的目的就是人类惯常的行为机制——趋利避害。

为了趋利避害，首先要做到的就是对可能面临的风险进行判断。在我们潜在的思维方式中，对风险的判断是一个度量的问题，风险不仅是有无的问题，更是大小的问题。

度量风险或判断风险程度，需要综合考虑出现后果的严重程度和出现后果的可能性两个方面。因此，风险的评估包括两个判断的角度，一是后果的严重程度，二是后果出现的可能性。两个维度要综合到一起判断才具有实际意义。例如，冬季在房间里烧煤炉子取暖，可能导致的事件是一氧化碳中毒。这种事件的后果很严重，是致命的。同时，在冬季的房间里采用这种方式取暖而导致中毒是很有可能发生的。两者综合起来，这是一种比较大的风险，需要特别注意。

如果一个事件的后果非常严重，但发生的概率微乎其微或者没有任何证据表明它可能发生，那么这就是非常小的风险，我们没有必要去操心。典型的例子是天塌下来这件事，天塌下来是极其严重的、毁灭性的，但它的可能性没有证据支持，如果我们认为天塌下来的可能性比较大而顾虑重重，则是“杞人忧天”这个成语的最好诠释。

为了趋利避害，在预判了某种风险的大小之后，对于不能接受的风险，我们就要采取措施降低这种特定的风险。例如，对于在冬季在房间里烧煤炉子取暖导致中毒的风险，我们会采取更好的通风措施，或干脆采用另外的取暖方式。本质上我们是通过措施降低了某件事情发生的“可能性”来降低这种特定的风险。人们无法消除所有的各种各样的风险，也无法彻底消除某种特定的风险，我们就生活在一个充满风险的环境中，有时风险是难以避免的。

在任何一个社会生活领域都会出现人们不愿意看的结果，如常见的生产、经营、投资、财务、工程等方面。因此，在任何一个领域的管理中现在都强调对不良结果的控制和规避，即风险管理。

而就安全工作而言，其职能就是控制和消除不良后果事件的发生，可以认为安全工作的唯一目的就是控制和消除风险，围绕这个职能的管理工作就是“风险管理”。一切安全管理工作的核心都是风险管理，就像国际民航组织关于风险管理的定义：识别、分析和排除危险及威胁到一个组织生存的后续风险（和/或将之降低到可接受或可承受的范围）。对航空安全工作来说，控制和消除民航运输生产过程中的风险，是其唯一的职能和任务，航空在民航运输生产过程中，常规航空安全的风险来自哪里？安保的风险来自哪里？两者的风险及其风险管理是否相同？

二、航空安保风险来源于威胁

航空安保的风险，来自威胁。威胁相对于民用航空运行系统是外部的因素，是人为的故意破坏行为而非自然因素。

如前所述，威胁是指劫持航空器，攻击、破坏航空器、武力袭击民用机场等航空安全犯罪活动，也即国际民航组织提出的若干种非法干扰行为。具体的威胁方式也是多种多样，如劫持航空器，历史上曾经出现过使用枪支、刀具、爆炸物、易燃物或伪装的上述物品等方式。显然，如果我们对威胁置之不理，威胁就会转化成灾难性的后果。

如何避免使威胁成为真正的损害后果，如何使风险不转变为现实，就是通过航空安保措施来实现的。

三、航空安保是通过安保措施对抗威胁以控制风险

可见，航空安保存在的目的就是应对威胁——防范潜在的威胁和处置现实的威胁。任何一个航空安保体系都存在这样的共性，这就是航空安保的基本模式。我们可以这样理解航空安保的基本模式：外部威胁的时时存在——建立可与之抗衡的防范体系——如

果防范体系存在漏洞或薄弱环节则威胁突入防范体系——形成安保事故——处置安保事故——修补防范体系漏洞。

这是航空安保的经典模式，虽然不可能绝对地避免航空安保事故的出现，我们还需要随时做好危机处置的准备，并且在危机过后一定要弥补漏洞，但最大限度地降低安保事故发生的可能性依然是航空安保工作的最佳选择。这就是“预防为主”，也正是当前航空安保管理理念的本质之处，与航空安全的科学理念也是一致的。

航空安保通过安保措施体系来对抗威胁以控制风险。安保措施包括两个大的方面：一是预防性措施，即防范威胁突入民航运行系统；二是处置性措施，即一旦防范失效后威胁侵入，我们还要尽力使损失降到最低。

具体的安保措施必然是与具体的威胁方式相对应的。例如，配合金属安全门、手持金属探测器的旅客人身检查程序，是用以防范人身藏匿武器、刀具等可能成为劫持航空器的工具；X 光机配合旅客随时物品的检查程序，是用以防范行李物品中藏匿的武器、刀具、爆炸物、易燃物等。旅客、工作人员证件查验是防范未经授权人员进入的通行管制措施。而空中警察、地面的反恐突击部队，显然实施的是在劫机事件发生后的危机处置措施。

航空安保通过安保措施体系来控制风险，但如何使风险得到控制，还需要做好两个层面的内容：一是措施体系的适应性和针对性，即措施体系在形式上能否与威胁相抗衡；二是安保措施的质量或品质，即安保措施是否能够执行到位。第一个层面是以政府主管部门主导的行业层面的宏观风险管理，第二个层面是以作为安保责任主体的民用机场、航空公司这些企业的微观层面的风险管理。

第二节　行业层面的宏观风险管理

一、风险管理的核心是风险分析——对策制定的“经济性”的前提

航空安保的威胁至少具有不可控和时时变化这两个特点。

航空安保的威胁对于民航而言，是不可控的。当然，从全社会的角度看，风险管理既可以通过消除形成威胁的那些潜在因素来实现，也可以通过加强防范降低事件发生的可能性。例如，通过侦察行为破获密谋破坏的恐怖组织，从源头上消除了威胁；通过加强社会各行业的安全防范，使破坏分子无机可乘。这些也可理解为打击与防范相结合的社会综合治理。但是，仅就航空安保的自身体系而言，我们对外部威胁始终是无能为力的，所能够做的只能是加强防范。

航空安保的威胁又是时时变化的，是动态的而不是静态。在客观上，我们并不是时刻都面临着具体的、必定的威胁。我们是因为无法精确地判定威胁何时来临，所以才持续不间断地防范。威胁可能造成的危害后果程度也是不同的，基地组织所发动的攻击可能是致命的、灾难性的，比如“9·11”事件；而个体的不同政见者所能够造成的危害是藏匿刀具试图劫持飞机，对于我们的安保防范，威胁也存在可能性方面的差别，组织严密、训练水平高、装备齐全的恐怖组织在敏感时期发动袭击的可能性大，而恐怖组织不感兴趣，同时国内治安又好的国家被袭击的可能性就小。

概括起来，如果威胁的后果严重性和可能性的综合可以称为“威胁强度”的话，那么在我们看来，威胁强度是经常变化的。航空安保的最终风险，是由威胁的矛与防范的盾相对抗的结果，是由两者的比较所决定的。如果防范体系能够与外部威胁相抗衡，则防范体系就是有效的，威胁无法侵入。如果防范体系无法与外部威胁相抗衡，则防范体系失效，威胁就会侵入，可能发生劫机炸机事故。

面对不同强度的威胁，如果我们以低等级的安保措施，如简易的安全检查措施，来对抗一个高强度的威胁，则风险是非常高的。当然，说风险程度高不见得一定会出事，但出事的概率或可能性会很高。这样，为了控制可能预见的风险，航空安保系统需要不断提高安保措施等级，通过更多的检查程序、更多的技术手段、更尖端的仪器设备和更强的武装力量，提高安保系统的对抗能力和系统可靠性，直至我们认为当前的安保措施等级能够与威胁相抗衡。这样，风险被认为得到了控制，我们是安全的。

话又说回来，如果我们一直以可能做到的最高等级的安保措施，来对抗威胁岂不是更加安全？更加安全是肯定的，但又会面临非常现实的问题，就是会造成“浪费”。“浪费”具体而言，就是没有必要地降低了民航的运行效率、提高了航空安保成本。用最高等级的安保措施，对抗最高强度的威胁是值得的，但用其对抗低强度的威胁则存在浪费的问题。形象地说是“用大炮打蚊子”。

最佳的情况，是安保措施正好能够与威胁相抗衡，既保证了安全，又避免了浪费。这是因为安保成本和资源是有限的，同时还要兼顾运输的效率。我们只要把风险控制在一定的水平内即可，这就是风险管理的基本道理，即不是绝对的安全，而是相对的安全，并且最终要考虑经济性的现实问题。

二、外部威胁评估和防范能力评估是风险分析的两大基础

为更好地实现这一点，我们需要精确地掌握“矛”和“盾”两个方面的现实状况，这就是通过内外信息收集基础上对外部威胁的评估和自我防范能力的评估。

在对两者进行准确评估的基础上，才可能进行有效和客观的风险分析——在当前或未来外部威胁的情况下，我们的现有防范体系是不是有效的？防范体系的可靠性有多

高？防范体系被突破（发生保安事件）的概率是多少？威胁评估和防范能力评估，是进行风险分析的两个基本要素，因此也是航空安保风险管理的两大基础。可以认为，“知己知彼，百战不殆”这句兵法古语，阐明了风险分析的最基本道理。

在细致地分析了风险之后，便可以“理性”地采取对策。如果我们对于外部威胁的消除是无能为力的，那么只能通过加强防范体系来降低风险。如果针对特定的威胁，防范体系存在薄弱之处，显然需要进行加固处理。经济性的原则充分地体现在风险管理中，如当威胁发生时造成的实际危害很小，即使这种威胁发生的概率很高，如果对其加强防范所需要的成本过大，人们会采取一种消极的态度。

可以看出，我们的防范水平和能力或者所谓的缺欠与漏洞都是相对的，都是相对于威胁而言的，这是航空安保风险管理的重要特点。例如，当前的爆炸物探测检查设备对于常规的爆炸物是防范水平相当的，是不存在所谓的漏洞的；但当新型尖端爆炸物质出现后，新的威胁形式出现了，同样的检测设备显然对其无能为力，漏洞就此产生了。

客观地说，无论是对威胁的评估方法，还是对当前自身安保防范能力的判断技术，当前还没有达到精细定量化和数学程式化的程度，经验在评估中发挥了主导作用。可以预见，在威胁评估、安保自身能力测评和最终的风险分析等方面，精确定量化的结果形式和科学评估工具的使用是航空安保管理的趋势之一。

三、当前我国航空安保宏观风险管理是威胁评估前提下的“分级应对机制”

（一）分级应对机制是我国航空安保的基本工作机制

面对不断变化的威胁形势，如何做到保证在安全性与民航运输效率、安保成本之间的平衡，从 2008 年奥运安保开始实行的分级应对机制做到了这一点。

在部署 2008 年奥运安保时，我国航空安保系统开始执行民航空防安全威胁分级处理办法。2010 年，修订为民航空防安全分级预警响应规定。这种分级应对防控的航空安保机制，首先对外部威胁的情况进行判断，根据威胁的后果严重性和可能性两个维度的评估，确定民航面临威胁强度的大小，将其由高到低划分为 1~4 四个级，分别以红色、橙色、黄色和蓝色表示。同时，在过去常态性的安保措施基础上，将安保措施体系划分为 1~4 四个级，每级在措施的种类、范围、指标和幅度等方面都有不同。每级安保措施体系，都与判断的威胁等级相对应。威胁评估和措施等级实时发布，一般由航空安保政府主管部门负责。

航空安保的分级预警响应机制，可以说是近年来我国航空安保工作的重大创新，是我国航空安保的基本工作机制，是科学的风险管理思想的体现，做到了安全性与航空运输效率、安保成本之间的有效平衡。

针对威胁采取对应的安保措施以控制风险，是整个民航系统的安保风险管理。这种宏观的安保风险管理，适用于采用统一化安保管理机制的航空安保系统，如美国的国家运输安保局（TSA）。TSA采用的风险管理方式，与我们现在的方式基本是接近的，也是根据威胁评估的结果，采取安保措施分级应对的宏观策略，并依据威胁的具体形式采取针对性的措施程序。

有效地实现分级应对的风险管理基本机制，需要在技术上解决几个核心问题。一是威胁评估的问题，即对威胁进行尽量准确的判断。二是对我们自身防范能力的准确评估，即我们所设计的各个等级安保措施体系的防范水平如何。有效的风险管理，需要将两者准确地匹配起来，显然，我们目前对自身防范能力的判断还是粗略的，对各等级的安保措施的设计也是经验式的。理想的情况是，先确定各等级的安保措施体系的防范水平的量化数值是多少，再以这个数值指导各等级中的措施如何设计。做到上述这些，需要在风险管理理念的指导下，使用更多的“评估工具”来实现。

（二）关于“常态性”措施是不是安保响应的问题

关于常态性的航空安保措施，是否属于分级响应的范围问题，在行业中有不同的看法，一些行业内的航空安保专家认为，常态性的安保措施不是对威胁的响应等级范围。笔者对此持有不同的看法：目前的常态性措施应该属于分级响应的范围，是最低的一级。

首先，目前设置的常态性措施以及红橙黄蓝四级措施，都是预防性的安保措施，即是对可能威胁的防范，将其挡在航空运输系统之外，而不是对已经发生的劫炸机事故的应急处置。预防性措施和处置性措施是航空安保措施的两个基本类别，有各自不同的功能。

常态性的安保措施显然也是应对和防范威胁的，其在本质上与其他提高了等级的安保措施没有区别。区别在于我们对外部威胁的判断和评估，当我们评估威胁强度增加了一些，就会提高安保措施等级，以控制总体风险；我们认为威胁强度又增加了，就会再提高一些防范能力，以与我们判断的外部威胁相适应，目的还是控制总体风险。

在常态下，我们并不是认为没有外部威胁，而是认为威胁并不大或不确定，没有必要兴师动众提高措施等级。如果我们认为在常态下是没有威胁的，也就没有必要去执行安保措施了。这也如同国家的边防，之所以在边境常态性地驻军防守，还是认为有邻国威胁的可能性，当两国关系紧张时会增加边防力量。由此可以认为，无论是我们说的常态，还是在此基础上提高的安保措施，都是对威胁的防范，都是认为威胁是存在的，都是分级应对防范威胁的做法，也都是基于对威胁的判断基础上做出的风险管理。

形成常态性措施是否属于分级预防范围的争论的原因之一，也是受到了我国航空安保法律法规体系模式的影响。在过去还没有提出威胁评估特别是分级预防的概念时，航空安保法规标准的内容一般是职能性的，即是着重于某一特定安保领域的规章或规范性文件。例如，安检规则，是从本领域或专业的角度大而全地进行了规定，这在当时的行业政企合一的管理模式下是正确的。安检规则及相关安检方面的规范性文件，不仅规定了安检措施的流程、执行主体、硬件要求等基本内容，还规定了如一定的开包检查率等具体指标。这是在还没有分级应对机制的时代安保法规的普遍做法，这些规定的安保措施要求，作为行业的工作要求一直被执行。在有了等级提高的概念后，这些工作措施要求就被理解为常态性的。但问题是，一些原有的规章标准如果有了一些指标的要求，又与目前设计的各等级措施的内容不协调，就会造成法规文件之间的冲突。

就此，笔者认为，为保证航空安保整体法规标准体系的协调，那些基本的航空安保规章，如民用机场安保规章、航空公司安保规则、安全检查规则、货运安保规则等，它们的基本定位应是界定航空安保政府主管部门和作为行政相对人的民用机场、航空公司，在航空安保中的基本权利、义务和责任，包括执行哪些航空安保措施，而避免涉及措施的指标数量的问题。关于航空安保措施在指标、数量、范围等灵活的分级应对要求，应全部体现在专门的分级预警响应规定中。

（三）分级应对机制应实现地面和空中整体联动

我们上面讨论的，主要是以地面预防为主的安保分级应对，而航空器在飞行中的空中安全保卫也采用了分级派遣的预警响应基本机制，这两者应该是一体的和联动的。

一体和联动体现在两个方面。一是在威胁评估方面应一体化，实现统一的研判机制，汇总全部渠道的情报和信息来源。情报信息的力量在于整合。二是分级应对的联动，在统一的威胁等级发布下，地面和空中安保应共同提高等级，以实现安保资源的整体合理配置。

（四）应考虑明确的应急处置分级机制

当前我国航空安保的分级应对机制还主要体现在预防方面。虽然当前的地面安保分级预警响应措施中，也包含了机场公安机关的防控和备勤响应；在空中安保的分级派遣中，也根据判断的威胁强度调配处置力量；虽然机场公安机关的重要职能是安保应急处置，空中安保的核心职能是反恐处突，但这些分级响应机制本质上还是在突发事件发生之前的准备工作，还没有真正涉及危机实际处置的分级问题。

与预防性风险管理的道理一样，航空安保危机管理中也应该采取分级应对机制，即对航空安保措施失效后确实发生的危机处置，也应该是分级应对的。具体而言，就是什么危机等级的事件应该投入多大的力量予以处置。例如，发生重大的政治性劫机事件应该由国家层面组织指挥处置工作，而机场控制区内发现的小规模疑似爆炸装置则由机场公安机关或当地公安机关处置即可。实际上，这种分级的危机处置要求，在当前的航空安保文件体系中都有所规定，只不过还没有像预防性措施分级应对那样形成统一的文件规定和固定模式。

第三节 企业层面的微观风险管理

安全工作的核心职能是控制和消除风险。安保工作的核心职能是控制和消除威胁所带来的风险，无论是在航空安保全行业层面，还是在企业安保管理层面，都是如此。但因为承担职能的不同，企业层面的安保风险管理在做法上与行业层面的宏观风险管理是不同的。

关于企业层面的安保风险管理如何具体实施才能够达到切实的效果，我们将在后面的 SeMS 风险管理子体系中详细讨论，本章只对企业层面的微观风险管理进行概括性论述。

一、企业层面的风险管理在于保证安保措施的品质

除了在宏观上分级应对威胁以控制安保风险，在企业安保工作中，又有哪些可能导致安保风险的存在呢？在现有的行业管理模式下，威胁评估、应对等级发布、各等级的安保措施内容和要求，都是政府的职能，民用机场、航空公司作为航空安保责任主体，其职能就是执行这些安保措施，并保证执行的质量。

在企业的安保工作中，如安检发生漏检、机场围界被侵入，这些都是典型的风险，说明安保措施的质量和效果存在问题。因此，保证安保措施的实际效果，就是企业安保风险管理的真正核心内涵。

通过既往的许多安保事件和案例来看，安保措施出现问题，并不是没有执行国家规定的安保措施程序，而是措施具体执行不到位，质量存在严重问题。安保措施质量存在缺欠，可能来自人的因素、管理制度的因素、设备的因素以及环境的因素，其中人的因素和管理制度因素是重点。

二、企业通过过程管理控制安保风险

企业执行具体的安保措施对抗威胁，安保措施的品质成为风险控制的保证。为避免最终的航空安保事故的发生，企业通过过程管理、过程控制来消除和控制安保风险。

民航企业通过过程管理来控制安保风险，是基于这样的管理思想：一切工作的质量，都是通过工作程序的合理性来保障的，即什么样的工作程序决定了什么样的最终工作质量，也就是过程决定结果。这种过程管理思想，也是任何质量管理活动的思想基础之一。

三、企业风险管理在于发现系统潜在缺欠

过程控制由两个方面决定，一是要有好的执行标准，二是要按照既定标准执行。

（1）航空安保的执行标准，是指关于安保措施执行的组织机构、人员配置、硬件设施、措施流程等。这些要素要齐备，并且尽量正确，才能够保证最终措施效果的良好。

（2）按照既定标准的执行，决定了实际措施的执行品质。在执行过程中，难免由于各种因素的干扰，导致实际执行情况与既定标准的偏离，进而影响最终措施的品质。

从安保的管理功能来看，检查、审计这样的符合性监察手段，能够发现和纠正执行过程中的偏离，从而控制了风险。那么，在这种情况下，风险是否得到了彻底消除和全面控制呢？不见得，因为航空安保的执行标准方面可能会存在缺欠。例如，安保措施的具体流程有缺欠，容易造成漏洞而导致安保事件；安检员培训程序有缺欠，会导致安全检查岗位能力的缺失，同样导致安保事件的发生；甚至监督检查制度不完善都会导致风险的产生。所以，在已经具备符合性监察管理手段的情况下，风险管理的功能就在于发现安保系统本身的潜在缺欠了。

四、通过风险管理实现持续的自我提升

风险管理能够不断发现安保系统自身的潜在缺欠，在管理上有什么好处？好处是非常明显的。安保系统自身的潜在缺欠，包括规章制度、流程标准等，被不断发现后，可以得到尽快的修正和完善。这样，企业的安保管理就实现了持续的自我提升，其风险程度得到有效降低和控制。

要真正达到风险管理的目的，实现风险管理的彻底性，应将经过评估分析后确认需要消除的危险源彻底消解在程序、流程中，通过程序的完善来消除危险源。将完善后的程序通过法定文件的形式以管理制度进行固化，最终使曾经的危险源得以消除而以后不会再次出现。这样周而复始、良性循环，不断积累和进步，实现安全质量和水平的持续提升，这应是管理体系的重要特征。

不可否认，当前民航企业普遍性的风险管理做法，与本书所阐述的风险管理不完全一致，甚至有许多对立的地方。检验一个做法的正确性，一靠实践效果，二靠自身的逻辑性。遗憾的是，过去风险管理的做法在这两个方面都存在一定的问题。

之所以存在问题，主要原因还是直接照搬了国际民航组织的指导性材料。国际民航组织提供的风险管理思想和模式并没有错，它是普遍适用的基本原理，只是我们没有很好地将其因地制宜。

从技术的角度看，对于那种能够独立制定运行规则的主体，国际民航组织提供的风险管理模式是可以直接适用的。整个行业或政府可适用此模式，因为它可以制定规则。而当前中国民航的基本管理模式，还是较强的行政化，即政府制定规章，企业具体执行，在这个模式下，企业安全管理的规章符合性是核心问题。

第八章　航空安保的危机管理

当外部的威胁(非法干扰行为或航空安全犯罪行为)来临，而预防性安保措施失效时，威胁就成为事实。此时，我们需要做的就是对正在发生的非法干扰行为进行处置，这种活动是航空安保的应急处置，基于航空安保的特殊性，有时也称为反恐处突。对非法干扰行为应急处置方面的安保措施，可称为“处置性措施”，是与预防性措施对等的航空安保第二大类具体措施。

关于航空安保应急处置的管理活动，就是危机管理。此时的事态，确实处于危机之中，会发生机毁人亡的后果，最严重的是“9·11”那样的巨大灾难。处置性安保措施、应急处置、危机管理的目的，是在危机发生后，通过有效的处置活动，使可能的危害得到控制或降到最低。航空安保以预防为主，但事实上没有绝对可靠的防范系统。危机的发生是必然的，差别的是发生的次数或概率的问题，就如同飞行事故是必然发生的，差别的是十万飞行小时的事故率是多少。因此，对于航空安保危机的发生，无法持侥幸的心理，航空安保的危机管理活动是需要认真地持续开展的。

危机管理有狭义和广义之分。狭义的危机管理，仅指事件发生后的处置。广义的危机管理，还包括危机事件的预防，而事件的预防显然是指风险管理。为使概念界定清晰以利于实际工作，航空安保的危机管理应指狭义的范畴，即在危机事件发生后如何有效处置。

航空安保的危机管理，是自成系统的相对独立活动，在总体上可以划分为事前管理、事中管理和事后管理三个阶段。良好的危机管理，至少应具有完整组织机构、危机事件类型、处置原则、处置措施程序等关键要素，同时要做好预案管理、演习演练、应急训练等工作。

第一节　危机管理的组织机构

航空安保危机事件处置，典型的如反劫机，本质上是“以暴制暴”“以武力对抗武力”。因为航空器或者人质之所以能够被劫持，就是因为航空器或人质的生命安全受到了威胁，而威胁的基本形式就是暴力。要消除暴力，也只能够依靠暴力，这是最简单的道理。即使那些通过谈判而和平解决的劫机事件，如果没有武力威慑作为基础，谈判也绝不会成功。可以说，武力或者暴力是劫机事件处置的最基本的特征。因此，国家的武装力量是航空安保危机处置的基本机构。

根据航空安保危机处置的基本职能，其组织机构应包括指挥决策机构、常设协调办事机构、处置实施力量、消防救援力量和后勤保障机构等。这种组织机构设置，既应用于国家层面的航空安保危机处置，也适用于民用机场、航空公司自身的危机管理。

一、指挥决策机构

指挥决策机构的职能，是对危机处置进行统一指挥，并做出采取何种处置行动的决策。指挥决策机构是危机处置的最高权力机构，其行使唯一的指挥决策权力。对于任何性质、任何级别的应急处置活动，唯一的指挥决策机构设定都是最重要的原则之一，无人指挥或多头指挥都是大忌。

我国重大航空安保危机事件处置的指挥决策机构，都是国家层面的，是国务院代表国家来行使。例如，早在1981年，我国第一起劫机事件发生后不久，国务院就成立了“国家紧急处置劫机领导小组”，国务院副总理担任主管领导。2001年我国再次成立了“处置劫机事件领导小组”，也是由一位副总理担任组长。

最高指挥决策机构中，一般会设立相关成员单位。成员单位来自与危机处置相关的职能部门，如国家层面的领导小组需要民航、公安、武警、外交、卫生等主管部门参与。

各个层面的危机处置指挥决策机构的领导者，都是该层面的最高行政权力者或由其授权的人担任。这一方面是因为最高行政权力者承担危机后果发生的第一责任，是其职责所在；另一方面是因为最高行政权力者有足够的能力调动处置资源，以达到最好的效果。即使民用机场层面的危机处置，其最终的指挥决策权力也应归属机场最高行政管理者。

航空安保的危机处置，除级别较低的危机事件，处置的指挥决策机构一般都是由国家中央政府、各级民航政府或各级地方政府承担。实际上，这也适用于其他性质的社会危机事件。重大的社会危机事件，都属于广义的社会公共安全范畴，公共安全危机处置是政府的职责范围，而一般的企事业单位也没有能力调动众多处置资源。对此，国际民航组织8973号文件中也建议：“当遭到非法干扰的航空器在空中或地面时，应将决定采取何种行动方针的主要责任和权力，交给一个单一的政府实体。这一政府实体应与主管当局、机场当局、受影响的航空承运人、承运人所在国和登记国，以及可能被认为有关的机场内外的任何其他实体，协调一切行动。”由此可见，航空安保危机处置指挥决策机构的唯一特性、政府特性、最高行政权力者特性，也是国际通用准则。

二、常设协调办事机构

危机处置机构体系中，还需要设置常设的协调办事机构。常设协调办事机构是指挥决策机构的参谋部门，主要承担两个方面的职能。一是在危机处置时，承担参谋助手的作用，为指挥决策者提供决策参考意见、提供情报信息资料、纵向协调指挥者与各级执行力量、横向协调成员单位、提供通信支持、对外联络，甚至提供谈判人员。二是在日常情况下，承担相关的行政管理工作，如信息资料积累、处置原则和策略研究、预案程序编制、组织演习演练等。

常设协调办事机构与处置实施的武装力量，都有着“养兵千日，用兵一时”的意味。危机发生时处置效果的好与坏，实际上取决于日常的工作质量和积累程度。如果说处置实施武装力量的战斗力，由平时的训练水平决定，那么危机处置时的整体能力，则取决于常设协调办事机构的日常管理活动水平，如翔实的资料积累、深度的策略研究、娴熟的研判技巧训练、规范的预案程序管理、定期高质量的演习演练安排等。

三、处置实施力量

处置实施力量，就是在处置一线直接进行处置的机构和人员，是代表国家的专业武装力量。处置实施力量的核心职能，是直接与威胁者或威胁行为进行对抗，如控制、制伏甚至消灭威胁者，或排除危险物品。

航空安保的处置实施力量，在空中的有在机长领导下的空中警察和航空安全人员，在地面的有机场公安机关、驻机场武警部队、地方公安机关和武警特警部队。这些力量的核心技能是武力对抗和排爆。如果说指挥决策机构是大脑，则处置实施力量就是行动系统，是强有力的四肢。

四、消防救护力量

不仅在常规的航空器事故中需要消防救援力量，在航空安保危机处置中，也同样需要消防救护力量参与。航空安保危机事件发生后，无论是在空中还是在地面，都很有可能或已经发生人员伤亡、航空器或其他设施爆炸燃烧的后果，需要进行立即或准备采取消防救护行动。在民用机场，都有按照一定标准设置的消防救护机构，在必要时也可将地方的消防救护机构纳入其中。

五、其他后勤保障力量

在航空安保危机事件处置中，还有其他如空中交通管制部门、机场的安检护卫部门、机场的其他地面保障部门、驻场联检单位、相关航空公司等单位的参与，承担了相关的后勤保障职责。

第二节　航空安保危机事件

一、需要明确的航空安保危机事件类型

危机处置虽然应对的是突发情况，但要获得良好的处置效果，事到临头才去想办法、仅靠临场的随机应变肯定是无法做到的。处置的原则、具体策略和技术方法，应尽量事先研究制定。对于不同种类、形式和内容的危机事件，处置的原则、策略和方法也必然是不同的。因此，危机处置需要提前预判和明确可能遇到的危机事件类型，从而制定针对性的处置措施程序。

关于航空安保危机事件的类型，目前行业还没有统一的标准。危机处置一直是航空安保系统的重要职能，多年来积累了丰富的经验，有关航空安保危机事件类型的规定，散见于政府主管部门的各种专门应急预案、安保信息上报程序和应急演练文件中。民用机场、航空公司的预案程序丰富，但航空安保危机事件类型的划分也不尽相同。

航空安保危机事件类型的划分，可以有不同的角度，但划分的基本目的和原则应当明确。笔者认为，应从处置策略和方法的角度来划分事件类型。因为不同事件针对性的处置策略和方法不同，而无论是处置策略还是事件类型划分，都是为最佳的处置效果服务的，所以，应根据处置策略和方法的不同来划分安保危机事件类型，即将处置策略和方法相近的事件归为同类。

例如，可以划分为劫持航空器、爆炸（纵火）航空器、武装袭击机场、航空器内爆炸物（危险物品）、机场（候机楼）爆炸物、破坏机场要害部位、强闯机场、恐怖威胁信息等。同一类危机事件中，也可以区分不同情况予以细分。例如，在国家处置劫机事件总体预案中，将劫机事件又细分为若干具体情形，不同情形的处置方法和步骤存在差别。

当然，上述事件类型划分并没有经过严谨的论证，其旨在说明危机事件类型划分的必要性和划分原则。民用机场的应急救援也对事件进行了类型划分，也应是基于救援方

法来区分事件类型，如民航局的民用运输机场应急救援规则中，将机场紧急事件划分为航空器紧急事件和非航空器紧急事件两大类，其中航空器紧急事件包括航空器失事、航空器空中故障、航空器受到非法干扰、航空器与航空器相撞、航空器与障碍物相撞；非航空器紧急事件包括对机场设施的爆炸物威胁、建筑物失火、危险物品污染、自然灾害、医学紧急情况等。

二、对航空安保危机事件实行分级处理

航空安保危机管理活动中，也应对航空安保危机事件进行分级处置，其目的是有效使用有限的危机处置资源，与预防性措施的分级应对的道理是一致的。航空安保危机事件的分级响应和处置，在实际中也是如此实践的。例如，重大劫机事件由国家指挥处置，一般性的事件由民航企业自己处置，但目前还没有统一的等级划分和分级响应机制的明文规定。

分级的原则是危机事件可能或目前造成的危害后果。如按照严重程度可划分为四级，由高至低分别为一级、二级、三级和四级。如将航空器作为武器使用、劫机向政府提出政治要求、经济勒索政府的等危机事件，因是重大政治性恐怖活动，或可能造成机毁人亡、产生重大政治影响，应确定为一级事件。而一般性的机场公共区域内的爆炸物处置，可以按照四级来看待。

不同等级的危机事件，由不同层级的危机管理机构来处置。显然，等级越严重的事件，越需要层级高的机构进行处置。例如，重大政治性劫机事件应由国家层面来处置。在理论上，四个等级的危机事件，可分别由国家、民航局、民航地区管理局（或地方政府）、民航企业进行四级响应和处置。

在应急处置活动中，不宜将处置从准备到实施的不同环节作为响应等级划分标准，如原地待命、集结待命、紧急出动、现场处置等。划分事件等级是为了确定实际的响应等级，以投入的处置力量与危机事件的严重性对等为目的。因此，事件等级或响应等级以危机事件本身的严重性为标准，而不是以各个行动环节为基准。不同严重程度的危机事件处置，都会包含类似的各个处置活动环节。

三、清晰界定航空安保危机事件范畴

值得注意的是，对航空安保危机事件的性质，应划定合理的范围，避免扩大化。

航空安保危机事件也有广义和狭义之分。广义的是指一切非常态的情况，不仅包括经典的劫持、爆炸、纵火航空器，袭击民用机场，袭击民航恐怖信息等严重的非法干扰

行为，也包括旅客群体事件、机上扰乱行为、机场个体治安事件等。狭义的仅是指如劫炸机、袭击机场这样有明确主观故意破坏意图的严重非法干扰行为或航空安全犯罪活动。

笔者认为，航空安保的危机管理还应界定在狭义的范围内，也就是“反恐处突”的性质，其层面就是保卫国家安全、社会重大公共安全。因民航服务导致的旅客群体事件、客舱的扰乱行为和违规行为，在本质上都是一般性的治安行为，虽然对民航正常运输秩序影响较大，但对公共安全涉及少，应按照治安程序处理，没有必然上升到航空安保危机管理的程度，以保证集中精力处置真正的航空安保危机事件。

第三节　处置的原则

处置原则是危机事件处置活动所需要遵循的准则，也可以理解为处置的总体目标、处置博弈过程中的价值取舍。处置原则是危机处置活动中的战略性问题。

一、我国航空安保危机事件处置的基本原则

我国航空安保危机事件处置的基本原则，是安全第一、以人为本，即处置决策以最大限度地保证国家安全、人机安全为最高原则。当然，还有一些如统一指挥、适时果断、机长有临机处置权等战术性原则。

“安全第一”的原则容易理解，这也是民航生产运输和国家安全生产的基本原则。而“以人为本”则反映了现代社会的文明和理性。人的生命是最重要的，人比单纯的航空器本身更重要，即使航空器价值连城。人本的原则，是国际社会危机应对的通用准则，也是我国当代社会危机处理的基本原则，近年来，无论是在国内灾难事件还是我国公民的国际危机事件中，国家和政府都表现出积极的以人为本的处置方式和目的。

处置的基本原则，反映了负责处置危机的最高权力者或其代表的组织的价值观。以人为本，体现了普通公民的生命与其他物质价值、政府声誉等之间的价值取舍，显然前者大于后者。但同时，处置原则也是处置活动总体策略的反映。

国际上很多国家处置劫机事件的原则是有差别的，且同一国家的处置原则也是不断变化的。如 1977 年 9 月，日本赤军劫持日本航空 DC9 飞机降落孟加拉国的达卡机场，日本政府答应了劫机者的要求，不但释放了 6 名赤军成员，还支付了 600 万美元的赎金。一时间，日本政府被认为是向恐怖主义屈服的软弱政府。而 1999 年印度政府在印航飞机被劫持事件中最终部分答应了劫机者的要求，也被舆论批评为无能和软弱。实际上，

美国也屈服过，目前最强硬的以色列也屈服过。以色列在经历了早期试图妥协换取人质生命安全的过程后，很快确立了绝不妥协的态度。

以色列绝不妥协的态度，不能简单地认为是一种价值观，其实更是一种总体策略，是博弈的策略。国家所处的各种内外环境不同，其采取的总体策略也有差别。可以理解，以色列被强敌环伺，被敌对国家的海洋所包围，它只有强硬才能够生存下去。可见，是采用激进的绝不妥协态度，还是稳健的温和态度，其实都不是绝对的。但各种策略在本质上一样，都是避免更大的损失，或者为了保住更多人的生命安全，或者为了今后保住更多人的生命安全。

实际上，我国劫机事件处置的原则，也经历了坚决反击、谨慎稳妥和现在的人本理性三个阶段。不同阶段的处置原则没有可比性，都是当时社会内外环境、局势变化、时代变迁的综合结果。

二、各类各级危机事件处置应遵循统一原则

处置基本原则一旦确定，就是各类各级危机事件处置的指导思想。处置原则要保持一致性，即各类各级危机事件的处置，都需要遵循同一处置原则。对航空安保危机事件处置来讲，无论是国家负责处置的重大劫机事件，还是民航企业自身处置的机场公共区域爆炸物、航班威胁信息，都应遵循保证国家安全、以人为本的原则。

民航局、民航企业的各级航空安保应急预案中，都会写明处置原则，这些原则可以逐级细化，但都是与国家层面确定的基本原则一脉相承的。

在具体的处置过程中，特别是涉及劫持航空器、劫持人质的事件中，会灵活地运用各种处置策略。具体的处置策略是为处置原则服务的。处置策略是手段，处置原则是目的。

第四节　处置的措施程序

在总体处置原则的指导下，针对不同类型的危机事件，制定相应的有效处置措施程序。处置措施程序可以按照处置的不同阶段、各参与部门的任务、各部门行动的协调配合和信息传递几个独立维度来制定并整合。

制定处置措施程序，可以处置的阶段为主线，在各阶段的程序中穿插信息传递的流程、各部门的任务界定和各部门协调配合的要求等三个维度的描述。

一、处置的阶段

为使处置工作有序进行，可以将其划分为不同的阶段，每个阶段的处置任务和要点各有侧重。

处置阶段的划分，不同类型的危机事件存在差别。以劫机事件处置为例，可以划分为接报阶段、先期处置阶段、决策阶段、行动阶段和善后阶段等。

接报阶段是获取航空器被劫持信息后所需要采取的行动，包括信息确认、信息上报、启动处置预案、人员到位、成立指挥部等。先期处置阶段，包括现场一线力量的临时性处置、安全疏散与隔离、其他现场处置力量的集结等，这个阶段的功能是稳定局面，为后期妥善处置打好基础。决策阶段，包括信息汇总与研判、提出可能行动方案、方案的讨论与权衡、做出决定等。行动阶段，包括行动部署、行动实施、行动配合和消防救护等。善后阶段，包括媒体应对、总结报告、人员和财产处理、完善建议和责任奖惩等。

二、各参与部门的任务

危机处置是需要多个部门共同参与的活动，每个参与部门的职责任务是不同的，需要协调配合。

做好协调配合的前提是明确每个部门的任务分工。任务分工应清晰明确，不应存在空白，也要避免冲突。

在危机管理中，不同部门间的协同工作至关重要。这种协同不仅涉及资源的共享、信息的交流，还包括决策的制定与执行。每个部门都有其独特的职能和专长，明确并高效地利用这些优势是应对危机的关键。

（1）明确任务分工：要确立每个部门在危机处理中的核心职责。例如，卫生部门可能负责医疗救援和疾病控制，而公安部门则负责维护社会秩序和安全。这些职责必须明确界定，确保在危机发生时各部门能够迅速行动。

（2）消除空白与避免冲突：在分工过程中，应特别注意避免职能空白和冲突。空白可能导致某些紧急状况无法得到及时响应，而冲突则可能导致资源浪费和决策混乱。通过细致的任务划分和部门之间的沟通，可以最大限度地减少这些问题。

（3）建立沟通机制：除了明确的分工，还需要建立有效的沟通机制。这包括定期的信息交流会议、紧急情况下的即时通信等。通过这些沟通渠道，各部门可以实时分享信息、协调行动，确保危机得到妥善处理。

（4）培训和演练：为提高危机应对能力，各部门应定期进行培训和演练。这不仅可以提高员工的应急处理能力，还可以帮助各部门更好地了解彼此的工作方式和需求，从而优化协同工作流程。

（5）持续评估与调整：危机处置是一个动态的过程，随着事态的发展，原有的分工和流程可能需要调整。因此，应建立一个持续评估的机制，根据危机的发展情况及时调整策略和分工，确保危机处理的高效性和有效性。

三、各部门行动的协调配合

在明确了各参与部门任务分工的基础上，应确定各部门在行动上的先后步骤、衔接程序和注意事项等。

做好各参与部门的行动配合，在实际处置时需要现场指挥员的统一指挥和调遣，需要和平时期的综合性演习演练来磨合，也需要在制订预案时尽量精确合理地设计协调配合的流程。

信息无疑是危机处置中的关键要素。信息为了正确的决策而服务，决策的正确性决定了最终结果的走向。信息也为具体的处置行动而服务，使处置行动更加准确到位。离开了信息的处置活动，肯定是盲目的。

基于信息在应急处置活动中的功能和作用，处置活动中的信息传递应至少符合三个方面的原则。一是要迅速，二是要准确，三是要丰富。

信息传递要迅速。航空安保危机事件情况紧急，具有很强的不确定性，时间的延续对于处置方总体上是不利的。危机处置中，时间是生命，快速是根本，应尽量快速决策、快速控制、快速处置。实现信息传递的及时迅速，要事先明确信息上报传递的渠道和流程，而不能随意而为；传递的渠道和流程应尽量减少和压缩不必要的环节，日常官僚式的层层上报可能会贻误战机；紧急时刻可采用口头报告而不拘泥于标准的文书形式。

信息传递要准确。准确的信息才是有价值的。实现信息传递的准确性，应尽量进行核对审查，语言表述要到位而非模棱两可，同时，应抓住关键性的信息而避免大量无用信息的干扰。

信息传递要丰富。特别是决策研判的过程中，需要多方面的情报信息予以支撑，最终决策才会更正确。例如，在重大劫机事件处置过程中，需要被劫持航班中的机型、旅客人数、劫持者人数、武器情况、油量等当事航班信息，也需要起飞地机场当事航班安全检查信息、劫持者的背景信息、劫持者的动机信息、沟通谈判信息和现场情况信息等。信息的丰富与准确并不矛盾，任何种类信息在上报时都需要准确精练。

四、航空安保危机事件处置措施内容的特性

如果说航空安保应急处置的基本原则解决了战略方向的问题，那么具体的处置措施程序可以理解为战争活动中的战术内容。

航空安保的应急处置措施在内容上，与航空安全应急处置、机场应急救援还是有一定的性质差别。如果说发生了单纯的爆炸、纵火航空器的事件，可能更多的仅涉及救援，主要是尽量减少损失的问题。而劫机事件的处置则非常复杂，因为处置方还要与人打交道，与凶恶的敌人进行斗争，是勇气和智力的较量，同时是心理的较量。这个博弈的过程是残酷的：对劫机者而言，是在赌命，赌的是自己的命；对处置方而言，也是在赌命，赌的是众多被劫持人质的生命。

例如，劫机事件处置中往往会涉及谈判的问题，这是航空安保危机事件处置中的独特之处，是人与人对抗的体现。但客观地说，到目前为止，我国还没有发生典型的劫机事件地面处置和谈判的事例。这是由我国过去所发生的劫机犯罪本身的特点所决定的。我国既往发生的劫机事件，几乎都是逃亡型的，而不是以劫机要挟政府为目的。我国所发生的劫机事件的处置，一般都是在空中由包括空警、航空安全员在内的机组人员实施。这种处置无外乎有三种结果，一是反劫机成功，制伏了劫持者，这是我国过去劫机事件处置最多的结果；二是服从了劫持者的要求，飞机飞往境外，例如 1993 年 10 架飞机被劫到了台湾；三是处置不力，导致了灾难性的事故，典型的就是 1990 年发生在广州的“10 · 2”事件。

当然，过去和现在没有发生典型的地面处置和谈判的事例，并不意味着今后不会发生。事实上，对于我国的劫机犯罪类型，逃亡型的趋于消失，而政治组织的、个体出于反社会、反政府目的而要挟政府的劫机类型，越来越逼近我们。而对于这种类型的劫机行为，进行谈判和地面处置是迟早要到来的事情。所以，我们应未雨绸缪，时刻做着这方面的准备。

第五节　其他相关管理活动

危机管理是一项系统工程，除事中的危机应对之外，还应加强事前和事后的管理活动。

一、预案管理

预案管理是指规范地管理预案程序文件，是危机管理事前管理的一部分。

上述谈到的危机管理中的组织机构、职责分工、事件分类分级、处置原则和具体的措施程序等，是危机管理或处置的实质内容，但都需要落实到书面文件中。应有专门的机构以专门的程序来管理预案文件。但需要注意的是，编制预案程序文件是提高危机管理水平的手段，而不是最终目的。在实践中，确实存在编制完成预案程序文件后就束之高阁、万事大吉，而不论其内容是否科学、实际处置能力如何的现象。

危机管理中的组织机构、职责分工、事件分类分级、处置原则和具体的措施程序是确保有效应对突发事件的关键要素。为了充分发挥这些要素的作用，必须将其详细记录并落实到书面文件中，形成一套完整、系统的预案文件。

组织机构是危机管理的核心，负责统筹协调各方面的资源和力量。在预案文件中，应明确组织机构的构成、各部门的职责以及相互之间的协作关系。这样可以确保在危机发生时，各部门能够迅速、有效地响应并展开工作。

职责分工是确保危机管理工作有序进行的基础。预案文件应详细列出各个部门和人员的职责和任务，包括危机预警、应急响应、资源调配、信息发布等各个方面。这有助于避免在危机中出现混乱和无序的情况，确保各项工作能够有条不紊地进行。

事件分类分级是危机管理中的重要环节，有助于对不同类型的危机进行准确评估，并采取相应的应对措施。预案文件应根据危机的性质、严重程度和影响范围等因素，将危机划分为不同的等级，并为每个等级制定相应的应对策略。

处置原则是危机管理的指导方针，包括预防为主、快速响应、科学决策、公众参与等方面。这些原则应贯穿于危机管理的整个过程，确保危机应对工作既高效又合理。

具体的措施程序是危机应对的具体操作步骤和方法。预案文件应详细列出各个阶段的应对措施和操作流程，包括预警发布、资源调配、现场处置、后期恢复等各个环节。这有助于确保在危机发生时，各项措施能够迅速、准确地得到执行。

为了有效管理这些预案文件，应有专门的机构以专门的程序来管理。这些机构应具备专业的知识和能力，负责预案文件的编制、审查、更新和维护工作。同时，还需要建立一套科学、合理的管理程序，确保预案文件的保密性、完整性和可操作性。

然而，需要注意的是，编制预案程序文件只是提高危机管理水平的手段之一，而不是最终目的。如果编制完成后就将其束之高阁，不关注其内容是否科学、实际处置能力如何，那么这些预案文件就失去了应有的价值。因此，在实践中，我们需要不断地对预案文件进行审查、更新和完善，确保其与实际情况保持一致，并具备一定的前瞻性。同时，还需要通过培训、演练等方式，提高各级组织和人员的危机应对能力，确保在真正面对危机时能够迅速、有效地进行处置。

二、演习演练

演习演练是针对特定危机事件的模拟操练，通过应急处置演习演练，能够锻炼和检验整体处置水平和各部门处置能力，熟悉处置措施程序和协调配合机制，同时检验预案程序的合理性。

安保演练可采取不同方式进行。按演练内容，分为单项演练和综合演练；按演练形式，分为桌面演练和实战演练；按演练目的，分为程序性演练、考核性演练和检验性演练。无论采用何种形式的演习演练，贵在保证效果和质量。重大安保突发事件虽不会经常发生，但一旦发生之后的整体处置能力，本质上是由平时的演习演练水平所决定的。因此，演习演练应做到定期、认真和规范。对于演习如"演戏"的现象，不见得全是坏事，至少能够达到熟悉预案的效果。但对于各级指挥者、常设应急处置协调办事机构、战斗实施部门、消防救护部门这些事中处置的要害机构，就容不得半点儿戏。

三、应急训练

在危机事件处置能力提高的手段上，演习演练一般会得到重视，而培训与训练往往受到忽视。应急培训和训练，是针对参与部门特别是参与者的个体能力。整体处置能力是由参与者的个体能力汇集而成的。除空中警察、航空安全员、机场公安特警部队、武警特警部队这些专职处置力量外，其他参与处置的人员也应得到系统、规范和常态化的应急培训和训练。

在提升危机事件处置能力的过程中，确实，演习演练常被看作重要的一环，因为它们能够模拟真实场景，让参与者在实践中学习和提高。然而，不应忽视的是，培训与训练同样是至关重要的。应急培训和训练，特别是针对参与者的个体能力提升，对于提高整体处置能力具有决定性作用。

应急培训和训练应当是系统、规范和常态化的，涵盖所有参与处置的人员，而不仅仅是专职处置力量。这包括但不限于空中警察、航空安全员、机场公安特警部队、武警特警部队等。非专职处置人员，如机场工作人员、乘客等，在危机事件中也可能发挥关键作用，因此他们的应急培训和训练同样不可忽视。

为了实现这一目标，可以从以下几个方面着手。

（1）制订全面的培训计划：根据危机事件的类型和特点，制订针对性的培训计划，明确培训目标、内容、方式和周期。

（2）强化实践操作：在培训过程中，应注重实践操作，通过模拟演练、案例分析等方式，让参与者在实践中学习和提高。

（3）建立评估机制：对培训效果进行评估，及时发现和解决问题，确保培训质量和效果。

（4）普及应急知识：通过宣传、教育等方式，普及应急知识，提高公众的应急意识和能力。

通过以上这些措施，可以有效提高危机事件处置能力，保障人民生命财产安全。同时，这也需要各方面的共同努力和协作，形成全社会共同参与的应急管理体系。

四、善后处理

善后处理是危机管理的事后管理。危机事件应对和处置完成之后，无论结果怎样，都需要做好事后管理。善后处理会包括媒体应对、人员和财产处理、总结报告、完善建议和责任奖惩等。

媒体应对或危机公关，是越来越受追捧的话题。在这个信息爆炸、媒体无处不在的时代，危机事件处置过程中的媒体应对是非常必要的，特别是像航空安保危机事件这种社会公共安全事件。但应避免本末倒置的情况出现，即过于强调事后危机公关及其技巧，毕竟危机管理的好坏取决于实实在在的事前管理能力和事中的处置水平，危机公关的作用不必过分夸大，做到恰到好处为好。

善后处理可能还会涉及伤亡人员的处理，损毁航空器、设施或相关财产的处理，违法犯罪人员的刑事或治安处理，相关责任人员的行政奖励和处罚等。作为事后管理，还应对危机事件处置活动本身进行认真总结、反思，编写详细的总结报告，分析得失，提出完善建议并尽快落实整改。概括起来，危机事后管理，除处理好相关事宜外，重点还要总结、完善和提高。

第九章　航空安保应急管理

按照《国际民用航空公约》附件 14 机场、《国际民用航空公约》附件 17 防止对国际民用航空进行非法干扰行为的安全保卫、《中华人民共和国民用航空法》的有关规定和要求，机场和公共航空运输企业要制定有效防范和处置非法干扰行为的应对措施，实施航空安保应急管理。

当外部的威胁（非法干扰行为）来临，而预防性安保措施失效时，威胁就成为事实。此时，我们需要做的就是对正在发生的非法干扰行为进行处置，这种活动是航空安保的应急处置，基于航空安保的特殊性，有时也称为“反恐冲突”，对非法干扰行为应急处置方面的安保措施，可称为“处置性措施”，是与预防性措施对等的航空安保第二类具体措施。

关于航空安保应急处置的管理活动，就是应急管理。应急管理的目的是在威胁发生时，通过有效的处置手段，使可能的危害得到控制或降到最低。航空安保虽然以预防为主，但事实上没有绝对可靠的防范系统。事故的发生是必然的，差别在于发生的概率不同。因此，对于航空安保事故的发生，不能抱侥幸心理，航空安保的应急管理活动必须认真地持续开展。

“9·11”事件说明，健全的应急救援体系可以有效减少事故损害，并且能在极其危急的情况下阻碍甚至中止事故的进一步恶化。因此，建立应急救援体系已经日益显得重要和迫切。这种重要性的增加是由以下因素决定的：首先，航空运输体系正日益变得庞大和复杂，这种变化是增加了事故所可能造成的损害和航空安保体系所面临的威胁越来越多；其次，并不存在一个航空运输安全保卫体系可以完全保障安全和避免攻击，攻击的必然性和诱发因素也已经变得日益复杂；最后，航空运输体系的存在和发展越来越依赖于事故后是否能实施有效的救援，减少事故损害并尽快从事故中恢复。

第一节　航空安保应急管理的职能

航空安保应急管理的职能，包括抢救受害人员、及时控制危险源、尽快消除危害后果、做好现场恢复、查清事故原因和评估危害程度等。

一、抢救受害人员

抢救受害人员是应急管理的首要任务。事故发生以后，应立即组织营救受害人员，组织撤离或者采取其他措施保护危害区域内的其他人员。在应急救援行动中，快速、有序、有效地实施现场急救与安全的转送伤员，是降低事故伤亡率、减少事故损失的关键。由于重大事故往往发生突然、扩展迅速、涉及范围广、危害大，应及时指挥和组织群众采取各种措施进行自身防护，必要时迅速撤离危险区域或可能受到危害的区域。在撤离过程中，应积极组织群众开展自救和互救工作。

二、及时控制危险源

及时控制住造成事故的危险源是应急管理工作的重要任务。迅速控制危险源（可能包括失事航空器、非法干扰行为人、危险物品、受损设备等），并对事故造成的危害进行检测，测定事故的危害区域、危害性质及危害程度。只有及时地控制住危险源，防止事故的继续扩展，才能及时有效地进行救援。

三、尽快消除危害后果，做好现场恢复

在航空安保事故中，应注意事故以及事故危害源（比如航空油料、化学物品、放射性物品等）所可能造成的各种后果，采取封闭、隔离、消除和紧急维修等措施。

四、查清事故原因，评估危害程度

事故发生后应及时调查事故发生的原因和事故性质，评估出事故的危害范围和危险程度，查明人员伤亡情况，做好事故原因调查，并总结救援工作中的经验和教训。

第二节　预案管理

预案管理是指规范地管理预案程序文件。应急管理中的组织机构、职责分工、事件分类分级、处置原则和具体的措施程序等，都需要落实到文件中，并有专门的机构以专门的程序来管理这些预案文件。但需要注意的是，编写预案程序文件是提高应急管理水平的手段之一，而不是最终目的。在实践中，确实存在编制完成预案程序文件后就束之高阁、万事大吉，而不管其内容是否科学、实际处置能力如何的现象。

一、应急救援预案

应急救援预案是指预先制定的行动方案，是针对可能的重大事故（事件）或灾害，为保证迅速、有序、有效地开展应急与救援行动，降低事故损失而预先制订的有关计划或方案。

应急救援预案规定了危机中事前、事发、事中、事后的各个管理过程，是在辨识和评估潜在的重大危险、事件类型、发生的可能性及发生过程、事件后果及影响严重程度的基础上，对应急机构与职责、人员、技术、装备、设施（备）、物资、救援行动及其指挥与协调等方面预先做出的具体安排，它明确了在突发事件发生之前、发生过程中以及刚刚结束之后，谁负责做什么、何时做，以及相应的策略和资源准备等。

应急救援预案是应急管理中一个核心部分，应急救援预案的合理性和充分性，有助于实现以下目的：

（1）帮助所有安全保卫人员认识和辨别所可能面临的航空安保事故与威胁；

（2）帮助所有安全保卫人员熟悉整个救援体系和应急救援部门的工作内容；

（3）提高应急救援人员应对的速度和能力；

（4）减少损害的持续和扩大；

（5）提出新的应对未来发展的建议，包括引入新的航空安全技术检查与防护设备、改进航空安保程序的细节以及改善企业和政府主管部门的航空安保组织体系等。

二、应急救援预案的分类

根据民航内部特点，应急预案分为航空器紧急事件应急救援预案和非航空器紧急事件应急救援预案。

（一）航空器紧急事件应急救援预案

（1）航空器失事应急救援预案；

（2）航空器空中故障应急救援预案；

（3）航空器受到非法干扰，包括劫持、爆炸物威胁等应急救援预案；

（4）航空器与航空器相撞应急救援预案；

（5）航空器与障碍物相撞应急救援预案；

（6）涉及航空器的其他紧急事件应急救援预案。

（二）非航空器紧急事件应急救援预案

（1）对机场设施的爆炸物威胁应急救援预案；

（2）建筑物失火应急救援预案；

（3）危险物品污染应急救援预案；

（4）自然灾害应急救援预案；

（5）医学紧急情况应急救援预案；

（6）不涉及航空器的其他紧急事件应急救援预案。

三、应急救援预案的基本要素

任何一个应急救援预案都必须包括以下 10 个要素。

（一）组织机构和职责

至少包括：组织机构、参与机构、人员以及职责；权限的设置和分配；所有可能需要使用到的提供援助的外部机构及职责。

（二）事故危害评价

至少包括：确认可能发生事故的类型和地点、确定事故影响范围和人数、确定应急救援行动的级别。

（三）通告和报警

至少包括：报警系统的设置和程序；确定事故现场 24 小时通告和报警方式；所有可能使用的联络信息；明确通告和报警方式的内容；明确共享和核实信息的程序、标准和内容。

（四）应急设备和设施

至少包括：组织内部所有可用的救援设施、救援设备名单；描述外部可以依托的救助资源，并确定这些资源和上述设施、设备的关系；列出组织所有可用的危险监测和防护设备；描述应急状态下设备和设施的运行边界和修复速度。

（五）应急评价能力与资源

至少包括：确定事故等级评价的负责机构或人员；确定评价和评价决策的程序；描述所可以使用的评价信息；确定所有可以使用或者可能使用的外部人力资源。

（六）保护措施程序

至少包括：描述决定是否采取保护措施的程序；确定采取保护措施的决策机构和负责人员；确定采取保护措施的执行机构和执行人员；描述所有可能使用的保护措施以及实施程序；描述所有可能或可以使用的保护资源；确定保护措施中止的程序。

（七）信息发布和公共关系

至少包括：确定信息发布机构以及负责人；描述信息发布的程序、内容和不恰当披露的责任；确定需要使用的资源以及由哪个机构提供这些资源；说明在特定情况下需要进行的信息管制的程序、标准和负责人。

（八）事故后恢复

至少包括：确定中止紧急状态，恢复正常秩序的负责人；描述防止事故现场未经授权进入的所有保护措施；描述中止紧急状态的程序和标准；描述恢复正常秩序的程序；描述连续监测恢复后状态的方法和技术标准；描述事故记录、事故调查、事故救援行动记录以及事故救援行动评价的方法、程序和标准。

（九）培训和演练

至少包括：描述培训和演练的周期和计划；培训和演练的记录以及根据记录进行的评价和采取的措施；描述应急救援人员的上岗标准；描述应急救援人员的培训计划；描述所有应急救援设备、设施的定期检查计划和记录标准。

（十）应急救援预案的维护

至少包括：确定预案维护的负责人及实施机构；描述预案维护的程序和方法；描述预案维护后颁行的程序和负责人；应急预案的维护记录。

第四节　应急救援的培训和演练

一、应急救援的培训和训练

应急救援的培训和训练是针对参与部门特别是参与者的个体能力进行相应的培训和训练，使其达到应急救援的要求。应急救援整体的能力是由各个参与者的个体能力汇集而成的。除了空中警察、航空安全员、机场公安机关、武警特警部队这些专职的处置力量，其他参与应急处置的人员也应得到系统、规范和常态化的应急培训和训练。

二、应急救援的演练

演练是对假设的非法干扰事件实施实际安保事件发生时的应急响应措施，以强化各参与机构在应对安保紧急情况时的处置能力和协调能力。演练也可以被视为应急救援预案的一部分或延续，通过演练，检验和完善应急救援预案，确保在真实的应急救援行动中，应急救援预案的有效性和完备的执行。

（一）演练的目的

（1）检验和提高各反非法干扰部门的响应速度和实际处置能力；

（2）使各反非法干扰部门熟悉本部门的职责和行动步骤；

（3）使各反非法干扰部门了解其他配合部门的行动和作用，提高协同作战能力；

（4）检验和熟悉通信方式、指挥协调的方式；

（5）检验预案的合理性和可行性，并发现预案的不足之处，为改进提供参考；

（6）检验工作人员的应急处置能力及设备的有效性，发现其缺陷，为改进提供参考。

（二）演练的频次和计划

机场每两年组织各相关机构进行一次有针对性地航空安全保卫应急综合实战演练，在其间隔的一年内进行单项机场应急实战演练，根据形势需要按照应急计划不定期开展有针对性的专项桌面演练，及时改正演练中发现的不足，提高机场整体应急处置水平。

机场在组织各项演练前应制订具体的演练计划，内容包括：

（1）演练紧急事件的类型、演练地点、演练日期、演练时间等；

（2）参加的部门及其责任内容；

（3）演练步骤；

（4）演练所需设备及要求；

（5）演练场地的布置、确定参加演练的人员等；

（6）演练信息的传递；

（7）进出演练现场的路线；

（8）演练结束的通知程序及终止演练的程序；

（9）演练的讲评方式、时间及地点。

（三）演练的内容

1. 反非法干扰响应演练

由各反非法干扰单位参加，按照各自在计划中的职责就某一类型的模拟非法干扰进行演练，旨在检验和提高反非法干扰的处置能力和各单位的协调配合能力。

2. 反非法干扰升级演练

由各反非法干扰单位参加，按照各自在计划中的职责就某一类型的模拟非法干扰类型升级转化为灾难救援进行演练，旨在检验和提高应急救援能力。

（四）演练的基本要求

（1）机场组织综合演练时应当邀请当地政府有关部门、民航上级机关、航空器营运人单位派代表以观察员身份参加，并参加演练后的评估；

（2）现场指挥中心汇集整理各单位或部门的资料、经验和教训，写出书面报告；

（3）针对演练中存在的问题机场相关部门负责督促有关部门限期纠正；

（4）机场指挥救援中心在组织应急处置演练时，应当保持机场应急救援的正常保障能力。

（5）演练的类型

根据演练规模，可以将演练分为桌面演练、功能演练和全面演练。

1. 桌面演练

基本任务是锻炼参演人员解决问题的能力，解决应急组织相互协作和职责划分的问题。桌面演练一般在会议室内举行，由应急组织的代表或关键岗位人员参加，针对有限的应急响应和内部协调活动，按照应急预案及标准工作程序讨论紧急情况时应采取的行动。事后采取口头评论形式收集参演人员的建议，提交一份简短的书面报告，总结演练活动和提出有关改进应急响应工作的建议，为功能演练和全面演练做准备。

2. 功能演练

基本任务是针对应急响应功能，检验应急人员及应急体系的策划和响应能力。功能演练一般在应急指挥中心或现场指挥部举行，并可同时开展现场演练，调用有限的应急设备。演练完成后，除采取口头评论形式外，还应向地方提交有关演练活动的书面汇报，提出改进建议。

3. 全面演练

基本任务是对应急预案中全部或大部分应急响应功能进行检验，以评价应急组织应急运行的能力和相互协调的能力。全面演练为现场演练，演练过程要求尽量真实，调用更多的应急人员和资源，进行实战性演练，可采取交互方式进行，一般持续几个小时或更长时间，演练完成后，除采取口头评论外，应提交正式的书面报告。

（六）演练的评估

评估内容：每两年一次的综合实战演练由机场组织该演练的部门负责进行评估，单项实战演练和桌面演练由相关部门进行评估。评估内容包括救援预案的合理性、救援设备的使用情况、各部门的协作情况、通信情况、人员到位情况、人员熟悉预案情况、与地方各部门的配合情况。

评估作为管理评审的输入，评估后发现的问题应及时进行整改，如果是预案存在问题，应及时对预案进行修订。

（七）演练要注意的问题

1. 注重广泛性

（1）参与单位的广泛性。应急预案中涉及的部门都要参与演练的过程，注意应急演练的覆盖面，做到不漏行业、不漏单位，横到底、纵到边。

（2）参与人员的广泛性。要组织广大干部职工认真学习国家关于应急管理工作的法律法规，提高广大职工的应急救援意识和救援技能，发动全员参与演练，严肃对待，认真实施。

2. 提高针对性

（1）根据各单位的特点，开展应急救援演练活动。不同的部门涉及的应急情况不同，要根据自个的需要制定应急预案，实行应急演练。

（2）要根据季节的不同，开展应急救援演练。春季要搞好以防火为主要内容的演练，夏季组织好防汛等灾害的应急救援演练，冬季搞好防冻、防雾、防滑演练。

3. 增强严密性

（1）制定科学的应急救援预案。要广泛发动职工群众出点子、献计策，把制订应急救援预案的过程变为教育职工群众的行动，经过专家论证、反复修改，形成科学的应急救援预案。

（2）搞好单位内部的协调配合。各相关单位要注意应急救援中的职能分配，要互相协调和配合好。

4. 坚持长效性

对应急救援演练活动进行及时总结，通过演练检验预案的科学性和可操作性，对每一个环节进行认真分析，找出问题和不足，进一步修订完善事故应急救援预案，提高实际救援能力。

要建立事故应急救援演练的长效机制落实承办机构和人员，按照法规要求，按时组织演练活动。要把应急救援当作一项日常的工作来安排，切实做到有备无患。

第五节　应急救援行动

发生突发、重大航空安保紧急事件时所采取的营救与疏散、减缓与控制、清除与净化等行动都属于应急救援行动。应急救援行动中涉及多个部门，不同部门在救援行动中承担着不同的职责。

一、应急救援领导小组

应急救援领导小组是应急救援工作的最高决策机构，由当地人民政府、民航地区管理机构或其派出机构、机场管理机构、空中交通管理部门、有关航空器营运人和其他驻场单位共同组成。

二、应急救援指挥中心（以下简称“指挥中心”）

指挥中心，负责日常应急救援工作的组织和协调，根据应急救援领导小组的授权，负责组织实施应急救援工作。指挥中心总指挥由机场管理机构最高领导或其授权的人担任，全面负责指挥中心的指挥工作。

主要职责如下：

（1）组织制订和修改所在地域的应急救援计划；

（2）指挥、协调和调和参加应急救援的单位，就已经发生的应急救援发布指令；

（3）定期检查各有关单位的应急救援预案和措施的落实情况，并按本规定的要求组织应急救援演练；

（4）负责参与应急救援的单位负责人姓名花名册及其电话号码变化的修订工作；

（5）定期检查应急救援设备器材的登记编号、存储保管、维护保养等工作情况，保证应急设备的完好；

（6）制定应急救援项目检查单。

三、空中交通管理部门

空中交通管理部门在应急救援工作中的主要职责如下：

（1）将获知的紧急事件情况按照应急救援计划规定的程序通知有关部门；

（2）及时了解机长意图和紧急事件的发展情况，并报告指挥中心；

（3）负责发布有关因紧急事件影响机场正常运行的航行通告；

（4）及时提供紧急事件所需要的气象情报，并通知有关部门。

四、驻场消防部门

驻场消防部门在应急救援工作中的主要职责如下：

（1）救援被困遇险人员，防止起火，组织实施灭火工作；

（2）协调地方消防部门的应急支援工作。

五、驻场公安机关

驻场公安机关在应急救援工作中的主要职责如下：

（1）协调驻场部队、机场安保人员的救援工作；

（2）设置现场安全警戒线，保护现场，维护现场治安秩序；

（3）参与核对死亡人数、死亡人员身份；

（4）制伏、缉拿犯罪嫌疑人；

（5）组织处置爆炸物、危险品；

（6）疏导交通，保障救援道路畅通；

（7）进行现场取证、记录、录音、录像等工作。

六、驻场医疗部门

驻场医疗部门在应急救援工作中的主要职责如下：

（1）组织进行伤情分类、现场救治和伤员后送工作；

（2）随时向指挥中心报告人员伤亡情况；

（3）进行现场处置、人员伤亡及后送等情况的记录工作。

七、航空器营运人及其代理人

航空器营运人及其代理人在应急救援工作中的主要职责如下：

（1）提供航空器的有关资料，包括航班号、机型、航空器国际登记号、机组组成人员情况、旅客人员名单及身份证号码、联系电话、机上座位号、国籍、性别、行李数量、航空器燃油量、航空器所载危险品及其他货物等情况；

（2）在航空器起飞、降落机场设立接待机构，负责接待、查询；

（3）负责通知伤亡人员的亲属；

（4）在指挥中心或事故调查组负责人允许下，负责货物、邮件和行李的清点和处理；

（5）航空器出入境过程中发生紧急事件时，负责将事故的基本情况告知海关、边防和检疫部门；

（6）负责残损航空器的搬移工作；

（7）负责死亡人员遗物的交接工作及伤亡人员的善后处理。

八、机场安全职能部门

机场安全职能部门在应急救援工作中的主要职责如下：

（1）向政府安全管理部门报告紧急事件；

（2）参与紧急事件的调查处理。

九、地面保障部门

地面保障部门在应急救援工作中的主要职责如下：

（1）提供该航空器的技术资料；

（2）负责或参与航空器旅客的运送工作。

十、机场安检部门

机场安检部门在应急救援工作中的主要职责如下；

（1）根据指令，封闭相关飞行区通道和隔离区；

（2）当航站楼发生非法干扰事件时，打开指定安检通道，协助疏散航站楼内的旅客；

（3）协助机场公安部门、驻场武警部队维护紧急事件现场秩序；

（4）必要时重新进行安检，配合有关部门进行清舱；

（5）协助机场公安部门排查危险物品。

十一、机场航站楼管理部门

机场航站楼管理部门在应急救援工作中的主要职责如下：

协助疏散，协助组织、指挥应急行动。

十二、航空油料部门

航空油料部门在应急救援工作中的主要职责如下：

（1）提供所需物资、设备及人员；

（2）按预定程序为被劫持航空器加油。

十三、飞机维修部门

飞机维修部门在应急救援工作中的主要职责如下：

提供航空器的技术资料及相关设备、设施等。

第十章　航空安保质量控制

航空安保质量控制是为了保证航空安保系统能够满足国际和国内与航空安保相关的法律、法规及文件而进行的有计划的系统化的活动。其基本功能是对各项航空安保措施的实际执行情况，进行监督检查，发现其是否存在偏差，如果有偏差则立即予以纠正，使其符合原来既定的标准，从而确保各项安保措施的实际执行质量。质量控制在民航企业管理中，一般称为运行监察。

航空安保质量控制分为外部质量控制和内部质量控制。外部质量控制是指民航监督管理机构（民航局公安局及其派出机构）对民航企业的安保运行质量实施的控制。内部质量控制是指企业（机场管理机构、公共航空运输企业）对其自身的安保运行质量进行控制。外部质量控制和内部质量控制的对象及内容是一样的，控制的目的也是一致的，不同的是外部质量控制把握企业安保运行必须具备的核心要素，而内部质量控制更侧重于细节和技术性问题。

第一节　航空安保措施执行规范

航空安保措施执行规范，具体而言就是安保措施操作执行的流程和标准，是安保措施执行的具体依据，也是对安保措施的执行过程进行质量控制的依据和标准。

安保措施的操作，要有“明确的”执行规范。措施运行中如果没有明确的规范和标准，就会导致每个人执行的不一致问题，随意性很强，有的好，有的坏，其执行质量可想而知，最终出现差错是必然的。

我国航空安保工作的早期出现的很多安检漏检而导致的劫机事件，是因为没有固定的、统一的措施操作流程规范和标准。后来通过经验教训的总结，安检的工作越来越规范，政府主管部门也出台了安检规章和工作手册，并有许多后来的规范性文件作为补充。

一般来看，企业的安保措施执行规范文件，包含四个层级。

第一层级：企业的航空安全保卫方案，如机场、航空公司等。

第二层级：部门的航空安全保卫工作手册，如安检部门、空中安全保卫部门等。

第三层级：班组的安保措施的操作流程和标准，如安检大队、中队，班组，航班班组等。

第四层级：安保岗位的操作流程和标准，如验证岗位、人身检查岗位、开包岗位等。

一、企业的航空安全保卫方案

安保方案是民航企业安保工作中最重要的文件，也是政府安保审计的核心内容。安保方案是企业对其职责范围内的安保工作方方面面的安排和部署，其核心内容和功能是对安保措施如何执行的规定。安保方案是企业层面执行安保措施的内容规定，它从国家的有关规定中来，但与之相比更细化一些。

二、部门的航空安全保卫工作手册

在企业的二级部门特别是专职的航空安保运行部门，会制定本部门级别的安保手册，其中除包含管理内容外，更多的是对企业安保方案所规定的安保措施执行内容的细化。专职安保运行部门的下级机构中，如大队、中队、班组都会有相应的逐渐细化的关于安保工作流程的文件规定。

三、班组的安保措施的操作流程和标准

机场的安检通道、飞行中的航班机组，都是安保措施的独立执行单元，其也应建立措施操作的流程和标准，这些独立的工作单元会同时涉及几个岗位，虽然每个独立的岗位有自己的操作流程，但独立运行单元不是多个岗位的简单相加而是有机组合，故也应该建立单元整体的流程和标准。例如，安检通道涉及验证、前传、操机员、开包、人身检查等几个岗位，虽然每个独立岗位的操作流程都体现在了各自的岗位手册中，但是，为了从安检通道流程的整体上把握好各自的职责，为了解决好相互协调、衔接和配合的问题，还应设计安检通道这个独立运行单元的措施执行流程。

四、安保岗位的流程和标准

一线安保岗位流程和标准的文件名称，一般称为安保岗位手册，也称为岗位说明书、作业指导书等。安保岗位手册可以说是如何履行岗位职责，如何进行安保措施操作的说明书。

安保岗位手册直接关系到一线具体安保措施执行的品质。在传统的企业安保文件体系中，相比其他层级的安保文件，岗位手册一直是比较薄弱的地方。因此，在企业 SeMS 建设中，安保岗位手册是安保文件体系、安保措施执行规范体系中的重点。一些先进企业在 SeMS 实施过程中，花费了大量的精力编写全部的安保岗位手册，相信这样的努力一定会换来安全水平的持续提高。

第二节 航空安保检查、测试和考查

航空安保的检查、测试和考查都是航空安保质量控制的具体手段。

一、航空安保检查

安保检查是主管当局对民航机场和航空器经营人等民航企事业单位的航空安全保卫工作的部分领域实施客观检查，以核实其持续遵守《国家民用航空安全保卫规划》及其他航空安全保卫要求的情况。

机场管理机构和航空器经营人可以参照主管当局的安保检查方法在本单位开展安保检查。机场航空安全保卫委员会办公室负责定期对机场各部门的航空安全保卫工作进行监督检查，机场各部门也应定期对其航空安全保卫工作进行监督检查。

（一）检查目的

检查的目的是确认企业的各项航空安保工作，是否符合国家关于航空安保工作的法律法规要求及本企业各级航空安保工作规章制度、流程标准等规范。如果发现存在偏差，则及时提出并尽快予以纠正，使其符合规范的要求。

（二）检查内容

航空安保检查要以《国家民用航空安全保卫审计 / 检查工作指导手册》规定的内容和机场制订的《机场航空安全保卫方案》中规定的安全保卫措施落实、人员培训计划和实施、非法干扰处置演练计划和实施、标准的执行及设备设施运转性能等为主。

航空安保检查的重点区域是安全检查区域、候机隔离区、货运控制区、道口、围界及其他要害部位。

（三）安保检查的实施

实施航空安保检查一般不事先通知被检查单位。航空安保检查正常情况下每月不少于一次，如遇到重大节假日和活动前、遇到威胁较大和航空安全保卫形势严峻或周边社会治安形势复杂等特殊情况，随时进行检查。

航空安保检查前要制订检查计划和检查方案。检查计划及具体检查方案由机场负责航空安保质量控制的部门制订，机场各部门可依据机场的安保检查计划和方案制订本部门的检查计划和具体检查方案。

航空安保检查分明查和暗查两种形式，检查前要制作详细的检查单，检查单应当是纸质的，要有明确的检查对象、检查内容以及检查结果。检查的方法，一般包括现场观察、询问工作人员和提取书面资料（如查阅台账）等。每次安保检查结束后要及时出具书面的检查结果，检查结果是对被检查部门的航空安保工作做出的具体评价，可以从制度、人员、设备设施、应急救援、运行环境等方面进行评价。检查单位和被检查单位负责人双方要在检查单上签字认可、确认，评价结果作为航空安保体系运行的管理信息进行记录保存。

对检查中结论为不符合的，要向被检查部门下发纠正通知单，指出存在的问题，提出纠正意见和要求，并限期要求纠正完成。

被要求纠正的部门，应对纠正通知单进行认真研究，制订具体的纠正方案，并在接到纠正通知单的一定时间内将纠正方案报安保检查部门。

收到纠正方案后，安保检查部门应对纠正方案进行审核，并在一定时间内对纠正方案并予以回复。如纠正方案没有通过审核，应要求被纠正部门重新制订纠正方案。

对审核通过的纠正方案，被要求纠正部门应立即着手实施，按照纠正进度要求落实纠正措施。

纠正活动结束后，被要求纠正部门应在一定的时间内，将纠正结果形成书面报告，提交安保检查部门。检查部门应在一定时间内对其进行验收。对未达到验收标准的，应继续对其跟踪督查，直至符合标准。

二、航空安保测试

安保测试是指通过模拟非法干扰行为对航空安保措施所进行的隐蔽或公开的试验。也就是说，测试是模拟现实中存在或可能发生的威胁的形态，对航空安保系统进行试验，目的是检测现有安保措施的有效性，通俗地讲，就是实际的检验和验证。例如，由人把无效爆炸装置或武器藏匿在行李中或身上，有针对性地模拟非法干扰行为，测试航空安保措施。进行测试的人员均应当有书面授权书表明其从事的测试，并在安保人员要求时出示。

机场应根据《国家民用航空安全保卫规划》《国家民用航空安全保卫质量控制计划》制订年度测试总体计划，明确测试的范围、种类、方法、标准及相应罚则。测试应仔细计划，以消除被误认为真攻击的可能性，从而可能造成工作中断和有关人员遭受伤亡的风险，测试只应在合格并经专门培训人员密切监督下进行，遵照的程序应综合印制成文。测试要合乎国家法律，不危及人的安全，不危及航空器或机场设施安全，不损坏财产，不惊扰民众和不受测试的人员或组织，包括警察当局及其他安保机构。

（一）航空安保测试的内容

航空安保测试的内容包括但不限于以下几个方面：

（1）安全检查设备设施、措施和程序；

（2）机场控制区安全保卫设备设施、措施和程序；

（3）要害部位安全保卫设备设施、措施和程序；

（4）防爆炸、防生化等安全保卫设备设施、措施和程序；

（5）其他需要进行测试的设备设施、措施和程序。

（二）航空安保测试的实施

机场安保部门应不定期地实施安保测试，正常情况下每周不少于一次能够取得良好的效果。

1. 测试要有授权

需要采用正式制度或规程，将测试计划的授权、执行人员的法律地位和所用测试物品通知民航系统的有关方面。应拟定文件和许可证，并散发适当教育资料，确保所有机场安保、警察当局人员肯定能识别进行测试的测试人员。这一点在测试物品被发现时尤为重要，以便保证测试组人员不被认为是非法干扰行为的真正实施者。

2. 挑选合适的测试人员

测试的隐蔽性意味着测试人员可能将处于高度压力情况下，如果不遵守必要程序还可能制造惊恐和混乱。因此，挑选测试人员是很重要的。全部测试人员应当是志愿者，应该从容不迫，能在压力大时有效地工作，准确遵守指示。此外，当计划执行出现意外情况时，他们应当能做出符合逻辑的合理决定，头脑清醒，思维敏捷。由于参加测试在一个志愿者看来比平时工作更为刺激，所以必须注意识别那些主要对任务的刺激性，而不是对在通过测试系统时记录信息的其他较为平实方面感兴趣的志愿者，应将此类人拒之门外，不用他们测试，因为经验证明他们在遵守指示与观察记录被测试区域十分重要但不太主要的情况方面不可靠。

3. 确保测试人员安全

必须向执行测试的人颁发授权书或专门许可证，概述测试的一般细节及他们进行测试的权利。这应与有认可照片的身份证或者国家颁发的其他身份证件如护照等一起出示，使测试物品一旦被发现能立即证明身份。应使检查区职工熟悉此种文件的格式，以防止使测试演化成一种不当的中断旅客检查过程的局面。

4. 要任命测试控制员

每次测试必须任命一名经培训的负责人作为测试控制员。控制员的职责如下：测试的整体规划；领导测试人员并向其介绍情况；颁发并接收测试物品；安全执行测试；听取被测试人员的汇报；印制一切需要的文件和报告。

5. 测试物品的管理

测试物品要有相应的控制，比如用于测试的武器或火器，只能用失能的，或将之用塑胶或脂类封存；用于测试的自制爆炸装置只能使用不含有真实爆炸物质的全惰性装置，即使不使用时也应附有明确标志，说明它们为测试器件，不含爆炸物质。对于测试物品，应随时对测试物品加以说明，保持测试器件清单并定期对照实物检查。只准专门人员接触测试物品，分发使用执行严格责任制度。测试物品只准发给进行测试的人员，时间限制在进行测试所需的最短时间，测试物品应随时藏好，不让公众看见，以免引起旅客不当的关注与担心。测试结束，控制员应 100% 审查全部发放测试物品，保证全部收回。在许多情况下，无须用武器或模拟爆炸装置就可进行有效的测试。例如，测试进入控制程序往往不需任何测试物件，只需假定或过期的机场安保识别许可证即可。此外，旅客搜身技巧的测试常常可身藏手提电话、电池等暗中进行闯门引起金属探测器报警，然后检查员就必须前去解决。由于重要的是检查员成功解决报警器的能力而不是查出什么东西，故是不是武器无关紧要。附带的好处是进行测试的人可多次进行此种测试，而其身份不被检查区工作人员识别出。

6. 测试结果

测试一律在工作现场或具体岗位进行，测试的内容要明确、具体，测试工作人员要认真、细致，测试结果必须客观、公正。

每次测试结束，应当场进行简短讲评，重点要放在不仅对一线的安保员工来说，对负责安保标准的其他人员来说都应从中吸取的教益上，而不仅仅是介绍测试的失败。当员工参加一次成功的测试时，重要的是个人得到积极的回馈。凡未查出的测试物品，应告知有关人员测试物品的隐蔽处与隐蔽方法以及如何更彻底地搜查可能查到该物品。将测试结果在现场告知被测试单位或被测试人，被测试单位负责人或被测试人在测试工作单上签字。

（三）安保测试的结果评估

安保系统测试结果的评估统一由实施测试的部门负责。人员测试的评估从人员的资质、技能、责任感、安全意识等方面进行；设备测试的评估从设备的完好、维护、维修、检测、使用人的培训情况等方面进行。评估结果作为航空安全保卫工作环节的改进的输入。

测试的评估报告在测试工作结束后一周内提交，评估报告应包括分析潜在威胁、评估设备性能、检查程序标准、建议纠正措施。

为了写评估报告，在离开现场前，测试控制员应收集以下资料：核实安保设备上次校正的时间；测试时的客流量；现有人力资源状况，检查区人员配备是否充分；每个人在进行测试的环境中和在该地点执行其他任务的工作时间；哪些与有关人员的测试成绩相关的资料（培训、以前接受的测试）；测试时检查区是否被适当监视；可能影响测试结果的其他条件。

一项航空安保测试只是表明安保措施或控制在测试的当时当地是否有效。测试结果没有通过，不一定就意味着安保措施的操作违规了、不符合现有规定，违规是可能原因之一，但不是全部，还有其他的各种原因。测试失败也不一定意味着安保措施体系有漏洞，因为航空安保也存在一定的可接受安全水平，一次未通过不一定有问题，但多次不通过肯定有问题。尽管测试结果成败的原因未必总是清楚，但其结果应集中检验，看是否可以得出某种总体结论以改进安保措施。

（四）安保测试的注意事项

测试活动中应至少注意两个方面的问题：

1. 保证测试的拟真性

测试活动需要把握的原则，真实性是第一位的。因为测试的目的是验证真实威胁发生时会出现的情况，所以，测试程序、方法的安排应该使测试过程更接近于真实的情况。既然是模拟，就要接近于真实，在实际的测试活动中，可能存在两个方面的倾向。一是声势比较大，致使被测试人员发挥失常；二是事先准备充分，没有检测出平时和日常的状态。两者都不是真实的。

2. 正确定位，消除员工的抵触情绪

在一些单位的安保测试活动中，存在一线员工有抵触情绪的问题。这涉及测试活动的定位、测试的核心目的是了解和掌握工作结果的情况，是获得绩效数据的重要方式。测试的目的不是找员工的差错，员工的错误只在于在行为上违章，未按照既定规章操作。差错的发现在于行为过程，通过观察、常态化的检查的方式可获得。安保监察部门应让员工明白，测试不是用于追责，而重在发现问题、了解状况、分析原因，将测试作为非符合性、非处罚性、保密性、测评性的手段。如果端正了测试的基本目的，大家更愿意配合，员工也许就不会抵触，可能效果会更好。

三、航空安保考查

航空安保考查是对安保需求的评估，即通过评估机场经营人或航空器经营人运行情况，确立安保需要。在《国际民用航空公约》附件17和国家航空安全保卫质量控制计划中，界定了安保考查的活动，将其定义为：对安保需要的评估，包括查明可被利用来进行非法干扰行为的弱点，以及关于纠正行动的建议。

安保考察活动一般根据特定需要，如认为威胁增加或举办重大活动而安保风险水平增加时，评估机场和航空器经营人实施其安全保卫方案有关防止非法干扰行为各项措施后存在的隐患和弱点，并提出改进措施。

安保考察的功能在于评估当前的安保体系能否应对一定的外部威胁，从而采取与之相对应的措施调整。机场经营人或航空器运营人尽管执行了国家民航安保计划要求的措施和程序，仍然存在可为进行非法干扰行为所利用的弱点，因此有必要提出与威胁相称的补救预防措施建议以应对查明的危险。

安保考查可以是民航管理当局进行，也可以由机场或航空运营人邀请第三方航空安保科研教育咨询机构对其航空安保体系进行考查。安保考查可根据各个机场的情况适时进行。

第三节　航空安保事件调查

航空安保事件是航空安保措施失效的客观状态，航空安保事件是指很可能造成航空安保事故的确实发生的各种危险情况。对它的认识需要注意两个问题：

一是我们不需要进一步关心安保措施失效是否确实造成了真正的危害后果，而只关心它的风险程度，即造成危害后果的可能性。这与航空安保事件调查的过程管理功能是对应的。当然，发生了需要政府进行调查的航空安保事故，如劫机行为，必然会调查是否存在航空安保措施失效的情况。

二是航空安保事件的发生，会有多种原因，可能是符合性的违规操作导致的差错问题，可能是现有安保措施流程不合理造成的，可能是现有安保措施无能为力的新型威胁方式或危险物品，也可能是在正常的可接受安保水平范围内的问题。

一、航空安保事件的等级划分

航空安保事件的发生，预示着不同程度安保措施体系失效的客观情况，具体而言，就是危险物品和危险人员（未经授权人员）进入控制区特别是航空器。按照导致发生最终安保事故的风险程度大小（后果严重性和发生可能性之合成），划分为特别严重、严重、一般和轻微四级。这里提出民用机场、航空公司一些典型航空安保事件的样例，以供参考。

（一）特别严重安保事件

特别严重安保事件是指一种表明安保措施失效状态的事件，这种状态的风险程度极为严重。发生了特别严重航空安保事件，可能已经导致了航空安保事故，也可能没有导致最终的安保事故。对于没有导致航空安保事故的情况，或如遇到外部威胁因素，则必然发生安保事故。

例如，装有子弹的枪支非法藏匿在人身或者随身行李（物品）中未被查出，进入机场控制区或航空器。这是人身安全检查措施的失效。

例如，非授权人员翻越围界未被及时发现并制止，进入航空器活动区或登上航空器。这是围界巡查、防护和飞行区监控以及航空器监护措施的失效或同时失效。

例如，爆炸装置进入航空器。可能是货运安保、未登机旅客行李查控、物品清舱等措施的失效。

（二）严重安保事件

严重安保事件是指一种表明安保措施失效状态的事件，这种状态的风险较为严重，但可能产生的后果不至于致命或无法确定为致命。

例如，装有子弹的枪支非法藏匿在货物或者托运行李中未被查出，进入机场控制区或航空器。

例如，未经授权的人员进入航空器。

（三）一般安保事件

一般安保事件是指一种表明安保措施失效状态的事件，造成了一定的风险，但可能的后果不具有危险性或危险性不确定。

例如，国家禁止随身携带或托运的军用或警用械具、管制刀具等藏匿在货物或者托运行李中未被查出，进入机场控制区或航空器。

例如，清舱失效导致物品遗留在航空器内。

（四）轻微安保事件

轻微安保事件是指一种表明安保措施失效状态的事件，造成的风险很小。例如，打火机、火柴等火种未被查出，进入航空器或机场控制区。

例如，配餐、机供品夹带非供应品，但未登机。

以上是四个等级的航空安保事件样例，我们会发现这些样例实际上都是民用机场、航空公司日常航空安保防范措施的重点内容，并非高深的新创之物。但是，如何从繁杂的航空安保内容之中，理清楚正确的航空安保事件及其等级的概念，还需要合适的方法论：一是系统、整体地分析问题的视角，二是看清 SeMS 过程管理的本质。

二、航空安保事件调查

航空安保事件调查是指在发生航空安保事件的情况下，进行证据收集，解释事件发生的原因，以防止类似事件再次发生，并考虑是否对相关人员或单位进行起诉或处罚的一种行为。

（一）航空安保事件调查的目的

航空安保事件调查的主要目的是查明原因，采取对应的完善措施，优化安保体系，消除安全隐患，避免最终安全事故的发生。

（二）航空安保事件调查的内容

（1）事件发生的确切时间、地点；

（2）事件的详细过程；

（3）与事件相关的员工资质、能力和工作状态；

（4）与事件有关的设备设施状况；

（5）事件发生地的环境状况；

（6）事件造成的影响和后果；

（7）造成事件后果的客观原因。

（三）航空安保事件调查评估的内容

航空安保事件调查评估至少应当从以下几个方面分析缺陷：

（1）是否由于设备设施不充足造成事件的发生；

（2）是否由于事件发生地环境因素造成工作人员疏漏；

（3）内部人员是否由于数量、资质和工作能力、工作状态上的原因未能防止事件的发生；

（4）运行程序是否存在缺陷；

（5）以上问题是否具有更深层次的原因，即是否由组织缺陷造成。

第四节　航空安保审计

一、航空安保审计概述

2001年9月11日，恐怖组织利用航空器进行恐怖袭击后，国际民航组织随即在9月25日至10月5日在蒙特利尔举行国际民航组织第33届大会，通过了A33-1号决议，即《关于滥用民用航空器作为破坏性武器和其他涉及民用航空的恐怖主义行为的宣言》。该决议要求理事会和秘书长考虑建立一个特别涉及机场安保安排和民用航空安保计划的普遍安保监督审计计划（USAP）。

遵照A33-1号决议，国际民航组织于2002年2月19日和20日召开了航空安保部长级高级别会议，专门研究航空安保，以预防、打击和根除涉及民用航空的恐怖行为，并签署了国际民航组织加强航空安保行动计划。该计划主要部分是在所有国际民航组织缔约国中执行航空安保审计程序。决定在全球范围内进行全面、规范、强制性和系统化的协调一致的航空安保审计，以促使各国更好地执行附件17规定的国际标准和措施，从而有效地防止各类针对民用航空的非法干扰行为，全面提升全球民用航空安保水平。

根据理事会制订的最后工作计划，航空安保审计于2003年开始实施，并在2008年前完成对所有缔约国的审计。

二、航空安保审计的依据和目标

国际民航组织的航空安保审计是以《国际民用航空公约》（《芝加哥公约》）的附件17为依据的。其目标是加强航空安保，定期对各缔约国进行审计，确定实施国际民航组织安保标准的现状，进而促进全球航空安保。其方法是评估附件17中各项标准的执行情况，查明被审计国安保系统可能存在的缺陷和为改进或解决存在的问题提供适当的建议，以便使国际民航组织各缔约国能更好地执行国际标准和实现安保措施的全球协调。

三、国际民航组织对我国航空安保审计情况

我国作为民航大国，为了更好地向国际社会展示我国在民用航空安保领域做出的努力，加快推进国际标准，迅速提升航空安保水平，我国政府向ICAO郑重承诺，将作为

首批被审计国接受航空安保审计。我国各机场应以此为契机，尽快建立科学、严谨、完善的符合国际标准的航空安保审计体系，全面实施安保审计制度，切实提升航空安保的规范化水平，提升机场的核心竞争力。

作为首批被审计的国家，我国于2004年5月10日至27日完成了国际民航组织的航空安保审计。经过对我国民航的航空安保法规、人员培训、质量控制和北京、西安、昆明三个机场实际工作措施的审计，国际民航组织认为我国在航空安保工作法规、措施上绝大多数项目高于国际通行标准，但在人员培训、质量控制上还有待进一步健全。我国根据国际民航组织提交的审计报告时存在的不足和问题进行了改进和完善。

四、我国的航空安保审计

根据国际民航组织的安保审计在我国的实施情况，我国政府决定，参照国际民航组织的做法，在中国建立统一的、系统的、全面的和强制的航空安保审计制度，以全面提高我国机场、航空公司的安全保卫水平。

为此中国民用航空局制定了《国家民用航空安全保卫规划》，并作为我国进行航空安保审计的主要依据。《国家民用航空保安审计规划》规定，进行安保审计的目的就是核实被审计单位是否持续有效遵守《国家民用航空安全保卫规划》各项规定的情况。除了《国家民用航空安全保卫规划》，《中华人民共和国民用航空安全保卫条例》《中国民用航空安全检查规则》等民航局规章和有关标准也是依据的内容。2005年8月17日至25日，深圳、海口机场作为试点单位接受了民航局的航空安保审计。2005年12月，各地区管理局也在辖区内进行了航空安保审计试点，湛江机场、宁波机场、银川机场、牡丹江机场、丽江机场、喀什机场、海拉尔机场先后接受了地区管理局的航空安保审计。

（一）我国进行航空安保审计的积极意义

我国航空安保审计进行的试点工作表明，采用客观的、标准化的方法对机场进行安全保卫系统的评估，对提高机场的航空安全保卫水平具有十分积极的意义。

第一，通过航空安保审计明确机场各方在安全保卫工作中的责任。以前民航公安机关承担着安全保卫的责任，机场管理机构似乎超脱在外，事实上，机场的安全保卫责任只有机场管理机构承担，机场公安机关不能也没有能力承担这样的责任。

第二，通过安保审计使机场管理机构及其他驻场单位充分了解了安全保卫工作的实际内涵。审计实践发现，安全保卫工作的内容在国内机场是一个相当模糊的概念，一些机场的领导者甚至从事安全保卫工作的领导也不知道航空安全保卫的确切内容。

第三，航空安保审计能够对机场安全保卫的缺陷一一指出，保证安全保卫工作链条的完整性，给被审计单位指明了努力的方向，对提高被审计单位的安全保卫水平有直接的促进作用。

这将有利于各机场对照依据制定与国际民航组织和中国民航要求一致的航空安保方案，是推进航空安保工作制度化、规范化、标准化的新方式，有利于促进被审计机场不断完善航空安保基础设施建设和配置硬件设备。同时，使民航主管单位对航空企业的安全检查监督，由以前的事后检查、节日前检查，转变为定期和循环强制审计，增强了政府实施航空安保监管的科学性。

（二）我国进行航空安保审计存在的问题

航空安保审计工作在我国还是一个新事物，还处于一个探索的阶段，其中有些问题是不能回避的，亟待民航行业主管部门解决。

1. 关于航空安保审计的性质问题

航空安保审计到底是政府的行政行为还是社团组织的服务行为，很难界定。国际民航组织的航空安保审计是国际组织对缔约国的审计，提出建议整改措施而无法实施处罚是可以理解的。但在国内由行政机关负责组织实施的对行政相对人执行法律法规评判的行为，而且规定是强制性的，一般来讲应当是行政行为。规章应当设定处罚和行政相对等的权利。《国家民用航空保安审计规划》没有这方面的规定。似乎根据民航局意见安保审计是介于行政行为和专门服务咨询机构的有偿服务行为之间的行为。如此，由于没有处罚的规定，被审计单位对问题的认真整改以及接受安保审计的积极性都有待探讨。

2. 关于航空安保审计的依据问题

目前所依据的仅仅是《国家民用航空保安审计规划》的试行本，已经发布的试行稿又进行了多次修改，因为其地位不好确定（涉及地方政府、军队、武警等），迟迟没有正式颁布。另外，《中华人民共和国民用航空安全保卫条例》以及一些标准都在修订之中，在实际进行安保审计中的法律依据不充分。

3. 关于航空安保审计的结论

国际民航组织进行的航空安保审计所给出的结论是针对附件 17 某一项目的，没有总体的结论。对于十大项安全保卫工作，给一个总体的结论几乎是不可能的，也是不科学的。

五、航空安保内部审计

航空安保内部审计是机场管理机构和航空器经营人参照国家航空安保审计方法开展本单位的航空安保内部审计。

内部安保审计的范围包括被审计单位航空安全保卫系统的所有方面，审计的主要内容是各单位航空安全保卫计划规定的标准、程序、职责和措施的执行情况。

机场每年至少进行一次综合性的航空安全保卫系统内部审计，根据威胁程度和审计结论，对执行与当前威胁程度相当或加强的安全保卫措施做出维持或改进的决定，以保持机场航空安全保卫措施的水平。

机场进行内部审计时应组建内部审计小组，由内部审计小组负责制订内部审计的工作计划，明确审计内容、标准、实施步骤以及审计结果的分类，确保内部审计的顺利实施。

内部安保审计的实施主要通过现场观察、询问工作人员、查阅台账的方式公开进行。内部审计的过程应有详细记载，并形成书面审计评估报告提交机场管理当局。

参考文献

[1] 赵振武，韩亚琼，张怡，等．美国航空货运安保法规体系分析 [J]. 综合运输 ,2023,45(8):168-173.

[2] 邱珂．我国民航安保信息自愿报告制度探析 [J]. 民航管理 ,2023,(3):37-41.

[3] 姜明，张立华．中国民航安保管理体系建设与航空安保审计发展和变革 [J]. 民航管理 ,2022,(7):6-12.

[4] 赵振武，张怡，唐百慧．美国航空货运安保供应链研究 [J]. 综合运输 ,2022,44(5):126-131.

[5] 文传翰．旅客航空安全管理体系研究 [D]. 海口：海南大学 ,2021.

[6] 张化．把握机场安保管理的新趋势：写在《机场安保规则》修订之际 [J]. 民航管理 ,2021,(4):27-30.

[7] 赖国基，罗嘉欣，张怡，等．国际航空货运安保政策研究 [J]. 综合运输 ,2020,42(9):79-84+90.

[8] 姚琳莉．论民航安保权力的配置、冲突和重构 [J]. 长江论坛 ,2020,(3):72-77.

[9] 梁邦帅．民用运输机场航空器区域监护管理研究 [D]. 呼和浩特：内蒙古农业大学 ,2020.

[10] 殷明君．论国际民用航空安保法律制度的新发展 [D]. 上海：华东政法大学 ,2020.

[11] 姜明．基于航空安保测试的监管工作思考 [J]. 民航管理 ,2019,(10):72-73.

[12] 钟凯．民航机上专职安保力量的配置与完善：以国际标准或建议措施为视角的比较分析 [J]. 北京航空航天大学学报 (社会科学版),2019,32(4):108-117.

[13] 周一超 .A 航空公司空保人员管理研究 [D]. 南昌：南昌大学 ,2019.

[14] 张君周．通用航空安保立法的挑战与应对研究 [J]. 北京航空航天大学学报 (社会科学版),2018,31(5):78-85.

[15] 刘飞，张亮．我国航空安保的现状及优化策略 [J]. 科技创新导报 ,2017,14(27):27-29.

[16] 王珺 .XZ 机场安检部门航空安保管理问题研究 [D]. 开封：河南大学 ,2017.

[17] 刘同新，罗东．首都机场航空安保工作实践与思索 [J]. 民航管理 ,2017,(4):58-60.

[18] 张君周 .《反恐怖主义法》对中国民航安保立法的影响 [J]. 北京航空航天大学学报 (社会科学版),2017,30(1):37-45.

[19] 周航 . 机上航空安保法律问题研究 [D]. 天津：中国民航大学 ,2016.

[20] 姜明 . 构建航空安保综合管理体系促进民航西南地区航空货运持续健康发展 [J]. 民航管理 ,2016,(4):18-19.

[21] 苏政桐 . 航空安保管理体系在 SZT 机场安全管理中的应用研究 [D]. 呼和浩特：内蒙古大学 ,2014.

[22] 李大军 . 航空货运代理行业航空安保风险隐忧与对策研究 [J]. 民航管理 ,2014,(3):53-57.

[23] 李景林 . 我国航空公司安保人力资源效率评价研究 [D]. 吉林：长春理工大学 ,2013.

[24] 刘昊阳 . 对当前航空保安管理体系建设的十点思考 [J]. 中国民用航空 ,2011,(2):30-32.

[25] 刘昊阳 . 航空安保管理 [M]. 北京：中国民航出版社 ,2014.

[26] 顾伟芳主编 . 航空安保基础与管理实践 [M]. 北京：中国民航出版社 ,2015.

[27] 邱珂，宋丽主编 . 航空安保概论 [M]. 北京：清华大学出版社 ,2022.

[28] 周为民，孙明编 . 民航安全概述与航空安保 [M]. 北京：清华大学出版社 ,2021.

[29] 刘南男 . 航空安保基础概论 [M]. 北京：中国民航出版社 ,2018.

[30] 宋丽 . 航空安保质量控制 [M]. 北京：中国民航出版社 ,2017.